Johann Hermann von Riedesel, Christian Wilhelm von Dohm, Caspar
Fritsch

Bemerkungen auf einer Reise nach der Levante

Johann Hermann von Riedesel, Christian Wilhelm von Dohm, Caspar Fritsch

Bemerkungen auf einer Reise nach der Levante

ISBN/EAN: 9783743690981

Hergestellt in Europa, USA, Kanada, Australien, Japan

Cover: Foto ©Andreas Hilbeck / pixelio.de

Weitere Bücher finden Sie auf **www.hansebooks.com**

Bemerkungen

auf einer

Reise nach der Levante.

Aus dem Französischen übersetzt und mit einigen erläuternden Anmerkungen begleitet,

von

Christ. Wilh. Dohm.

Leipzig, bey Caspar Fritsch 1774.

Vorbericht
des Ueberſetzers.

Das Werk, von dem ich hier dem Publikum eine Ueberſetzung liefre, iſt im vorigen Jahre, unter dem Titel: Remarques d' un Voyageur moderne au Levant erſchienen, und der Herr Oberconſiſtorialrath Büſching *) hat den Herrn Baron von Riedeſel, Königl. Preußiſchen Kammerherrn und Geſandten am Römiſchkayſerlichen Hofe, als Ver=

)(2   faſſer

*) Siehe Herrn Büſchings wöchentliche Nachrichten von neuen Landcharten u. ſ. w. erſten Jahrgang S. 328.

faſſer genennet. Hiedurch allein
mußte ſich ſchon dieſes Werk dem
Publikum empfehlen., das den
Baron von Riedeſel als Verfaſſer der gelehrten und unterhaltenden Reiſe durch Sicilien
und Großgriechenland kannte,
welche 1771 zu Zürich in deut-
ſcher Sprache erſchienen, und in
und außer *) Deutſchland mit ſo
vorzüglichem Beyfall aufgenom-
men iſt. Schon in dieſer Reiſe
äußerte

*) Herr Forſter, der itzt im Südmeer
ſich damit beſchäftigt, die Kenntniß
der Erde zu erweitern, und den Eng-
ländern manche unſerer deutſchen
Schriften geliefert hat, iſt auch Verfaſſer einer engliſchen Ueberſetzung dieſer
Reiſe, welche zu London 1772. erſchienen iſt. Die Franzoſen haben ſie
gleichfalls in ihre Sprache überge-
tragen.

äußerte der Herr Verfaſſer den
Wunſch, Griechenland zu ſehn *),
und da er dieſen Wunſch nun
ausgeführt hat, ſo muß es jedem,
der ſich von unſerem Verfaſſer
durch Sicilien und Neapel hat
leiten laſſen, ſehr angenehm ſeyn,
eben dem ſcharfſinnigen Beobachter der Natur und der Menſchen,
und dem feinen und gelehrten Ken-
ner der Kunſt und des Alterthums
durch Griechenland und die Türkey zu folgen.

Einige Kunſtrichter haben die
Bemerkung gemacht, daß dieſe
Reiſe durch die Levante nicht
viel Neues enthalte. Aber vielleicht iſt nach ſo vielen und ſo auf-

)(3   merk-

---

*) Siehe Reiſe durch Sicilien und
Großgriechenland. S. 224.

merkſamen Reiſebeſchreibern, als
ein Tournefort, Spon, Whe‐
ler und andre ſind, nicht viel
Neues zu ſagen mehr übrig
geblieben? Und in der That fin‐
det man hier doch, beſonders über
das Clima, den Character u.
ſ. w. der Griechen und Tür‐
ken — wo nicht Nachrichten, doch
Reflexionen und Urtheile —
welche, wie mich dünkt, neu ge‐
nannt zu werden verdienen. Und
außerdem bleibt dem Herrn Ver‐
faſſer noch das nicht kleine Ver‐
dienſt, auch ſchon bekannte Sachen
auf eine ſo intereſſante Art zu ſa‐
gen, daß der gelehrte Leſer bey‐
nahe vergißt, daß er ſie ſchon
wußte und derjenige — welcher
nicht Zeit und Gelegenheit hatte,
die

die voluminösen Werke der Tournefort, u. s. w. zu lesen — es dem
Schriftsteller doppelt dankt, der
so wichtige Materien auf eine so
unterhaltende Art zu sagen, und
in einen so engen Raum einzuschließen wußte.

Da es dem Herrn Baron von
Riedesel nicht gefiel, uns seine
Reise durch die Levante (welche
gewissermaßen eine Fortsetzung von
der durch Sicilien und Großgriechenland ist,) in deutscher
Sprache zu liefern, so hoff' ich,
wird es dem Publikum angenehm
seyn, daß ich sie in dieselbe über-
getragen habe.

Ich habe zuweilen einige Anmerkungen beygefügt, die meistens
zur Erläuterung oder Bestätigung

)(4 dessen

deſſen, was der Herr Verfaſſer
ſagt, dienen, zuweilen aber auch
ſeinen Aeußerungen entgegengeſetzt
ſind. Dieß war natürlich, da ich
beym Ueberſetzen gedacht, und
andre dahin gehörige Schriftſteller verglichen habe. Der ächte
Freund wahrer Kenntniſſe kann
Widerſpruch niemals übel empfin-
den, und ich erkenne dieſen äch-
ten Freund der Wahrheit in dem
einſichtsvollen Herrn Verfaſſer zu
ſehr — als daß ich es nöthig
fände, Ihn wegen der Freyheit,
die ich mir genommen habe, zuweilen andrer Meynung wie Er, zu
ſeyn, – um Verzeihung zu bitten! –
Berlin, den 16ten April 1774.

Dohm.

Innhalt.

Cap. 4.

Cap. 5.

Cap. 6.

Cap. 7.

Cap. 8.

Cap. 9.

Cap. 10.

Cap.

Be-

Bemerkungen

über

die Levante.

A

Vorbereitung.

Müde, in der Christenheit immer dieselben Sitten, dieselben Gebräuche, einerley Bekleidung des Körpers und einerley Biegung des Geistes zu sehn; immer es zu beob=achten, wie Paris ganz Europa klei=det, und die Frauen es beherrschen; — fühlt' ich den Trieb einmal ein Land zu sehn, wo Kleidung, Sitten, Ge=bräuche, Religion, Staatssystem, nicht so wie bey uns, unaufhörlichen Abänderungen unterworfen sind; wo die Männer weniger unter den Frauen leben, und daher mehr Männer sind; ein Land, das nicht so viel Gesetze und Kenntnisse, wie wir, hat, aber deß=wegen mehr original ist, und dessen

A 2　　　Bewoh=

Bewohner der Natur näher geblieben
sind. Ich richtete von weitem meine
Blicke auf die Türkey; die Erinnerung
des alten Griechenlandes befeuerte meine Wünsche noch mehr. Unter den
Trümmern Athens hoft ich, noch Spuren des Genies und der Größe seiner
alten Bürger wieder zu finden. Ich
wünschte die neuern Griechen kennen
zu lernen, um sie gegen die alten mes-
sen zu können; und es war mir eine
angenehme Vorstellung, daß ich auf
dem Boden gehen würde, der Sokra-
ten, Aristiden, Sophocles und Xeno-
phonte hervorgebracht hat. Ich gieng
am 10ten May 1768 von Neapel
nach Smyrna ab, am Bord eines
englischen Schiffes.

Erstes

Erstes Capitel.
Reise bis Smyrna.

Daß ich die Inseln Lipari, und Stromboli, und den Pharo zu Messina vorbeygefahren bin; daß ich alle die Abwechselungen einer bald mehr bald weniger glücklichen Schiffahrt erfahren habe, und viele andre hier fremde Anecdoten, mit denen die Seefahrer so gerne ihre Tagebücher anzufüllen pflegen; — Alles dieses gehört nicht in den Plan meiner Reise. Ich wollte die Levante sehen, und dieß geschah nicht eher, bis ich die Strophadischen Inseln erblickte.

— — Strophades Grajo stant nomi-
ne dictae,
Insulae in Ionio magno: quas dira Celaeno
Harpiaeque colunt aliae: Phineïa postquam
Clausa domus, mensasque metu liquere
priores.
Tristius haud illis monstrum, nec saevior vlla
Pestis, et ira Deum stygiis sese extulis
vndis.

Vir-

Virginei volucrum vultus, foediſſima ven-
tris
Proluuies, uncaeque manus: et pallida
ſemper
Ora fame.

Virgil. Aeneid. L. III.

Dieſer Inſeln, die itzt die Strivali=
ſchen heißen, ſind zwey. Sie ſind ſehr
klein und beynahe wüſte. Gegen mir
über ſah ich Elis, dieſes Land, das
durch die Olympiſchen Spiele, und die
Wunder, welche die griechiſchen Völker
den Göttern zu Olympia beylegten, ſo
berühmt iſt. Man lieſet mit Erſtaunen
im Pauſanias die Beſchreibung ſo vieler
Werke der Kunſt, welche Aberglaube und
Eitelkeit hier zuſammengebracht hatten.
Da ich hierauf an den Küſten des alten
Meſſeniens vorbeyfuhr, ſah ich die Inſel
Sphackterie, welche itzt Prodona heißt,
und durch die Niederlage bekannt iſt,
welche die Lacedämonier erlitten, als ſie die
Meſſenier ihre nächſten Nachbarn unter=
drücken wollten. Ich umſeegelte hierauf
das Vorgebürge Acritas, welches itzt
das Cap de Sapience heißt, und kam in
den Meerbuſen von Coron, der vornehm=
ſten Stadt in Morea. Dieſer Meerbuſen
iſt

iſt der Sinus Meſſeniacus. Hier ſieht
man ſchon die Kette von Gebirgen, welche Meſſenien ynd Laconien trennten.
Die alten nannten ſie den Verg Taygete,
und itzt heißen ſie die Verge der Mainotten. Sie ſcheinen ſehr hoch und ſehr
kalt zu ſeyn. Noch am 20ſten May waren ſie mit Schnee bedeckt. Die Städte
Meſſena und Leuctra, berühmt wegen der
Schlacht, die hier für Sparta ſo unglück-
lich entſchied, lagen an der Weſtſeite dieſer
Gebürge am Ufer des Meers.

Da ich über die Lage von Laconien etwas nachdachte, dieſes durch die rauhen
Sitten, den Muth, die Vaterlands- und
Freyheitsliebe ſeiner alten Bewohner ſo be-
wundernswürdigen Landes; ſo dünkte
mich, daß dieſe Lage und das Clima, welches hiedurch verurſacht wurde, Einfluß
auf den Genie dieſes Volkes gehabt habe.
Dieſes Land iſt von der Weſtſeite durch
Berge ganz geſchloſſen, und den ſanften
fruchtbaren Abendwinden verſperrt; hingegen ganz offen den kalten Nord- und
Oſtwinden, die durch die Levante überall
herrſchen. Sollte dieſe Lage nicht mit
beygetragen haben, den kriegeriſchen Geiſt,
den rauhen Muth, den Stoicismus, und

jene

jene Verachtung des Schmerzes und des Todes selbst zu erzeugen, die uns so billig die Bewunderung der alten Spartaner abnöthigen? Die neuere Erfahrung widerlegt meine Idee nicht; sie bestätigt dieselbe vielmehr. Die itzigen Bewohner des Bergs Taygete, die Mainotten, erhalten sich ihre Freyheit mit Muth und Stärke gegen alle Macht der Ottomannen. Sie bezahlen keinen Karatsch, oder Kopfgeld, sie dulden keinen Muselmann in ihren Wohnplätzen; sie regieren sich selbst, jedes Dorf für sich, und machen kleine democratische Staaten aus. Dieses Land, welches die Venetianer il Braccio di Maina nennen, ist in vier Capitanate getheilt; die sehr oft untereinander Zwist und kleine Kriege haben. Die tapferste dieser kleinen Völkerschaften wird von einer Frau angeführt, der Wittwe des letztern Capitains. Sie heißt Tanassena. Als ich mich zu Athen aufhielt, war diese neue Amazone funfzig Jahr alt, und setzte sich noch zu Pferde, um ihre Mitbürger zum Krieg oder Frieden aufzuführen. Die Mainotten halten sich die Seeräuberey für erlaubt, und üben sie eben so freymüthig aus, wie wir etwa auf die Falken-

jagd

jagd ausgehn. Sie denken, daß die
Schiffe, welche sie wegcapern, zu ihrem
Nutzen gebauet sind; so wie wir sehr be-
scheiden zu glauben pflegen, daß alle Thiere nur für uns geschaffen sind. Und ist
wohl das Strandrecht, das so lange unter den Christen gegolten hat, menschlicher
und billiger als das Völkerrecht der Mainotten? was ist grausamer, den Seefahrer als einen Feind anzugreifen, oder den
Schifbrüchigen von dem Brete, auf dem
er sich retten wollte, unmenschlich herab-
zustoßen und wenn er etwa ans Ufer gewor-
fen wird, ihn in Ketten zu werfen? Und
doch wurde dieß Gesetz für so billig gehalten, daß man in Bremen sogar in der
Kirche um öftern Schiffbruch bat!* Die

A 5 Mai-

*) Diese Beschuldigung der Bremer bedarf
wohl noch eines historischen Beweises. Indessen ist das Strandrecht allemal eine
Barbarey, welche die Menschheit entehrt!
Nur die äußerste Noth roher Völker, die
an den Küsten wohnten, kann sie hervorgebracht haben und hernach machten Gewohnheit und Eigennutz fühllos gegen eine Grausamkeit, die dem Menschlichen Gefühl
eben so sehr als der Religion widerspricht,
deren höchstes Gesetz die Liebe ist. — Dieß
ist auch ein Beweis, wie wenig die An-
nehmung des Christenthums auf den Cha-
rakter

Mainotten sind in ihrem eignen Lande sehr
ehrliche Leute; der Reisende kann sicher
auf ihre Gastfreyheit rechnen. Die Häup-
ter der Dorffchaften lassen sogar die Reisenden durch eine Wache auf dem Weg begleiten. Der Turban allein findet keine
Verzeihung; er ist ihnen des characteristi-
sche Kennzeichen der Sklaverey. Jeder
Türk, der ihr Land betritt, hat sein Leben
verwirkt. Dieß Land scheint das wahre
Vaterland der Freyheit zu seyn. Zur Zeit
der spartanischen Republik wohnten hier
Eleutherolacons, Freunde und Verbündete
der Lacedämonier; aber nie unterwarfen sie
sich ihren strengen Gesetzen *). Sie hat-

ten

rakter der Völker, besonders der nordlichen, würkte. Lehren und Cärimonien
wurden verändert, aber Sitten, Herkommen, Moralität, Vorurtheile und Aber-
glauben blieben fast immer in ruhigem Be-
sitze. Und man findet noch itzt Spuren genug, wie fest sie sich darinn erhalten haben! Anm. d. Uebers.

*) Der Verfasser scheinet hier etwas allge-
meiner zu reden, als Pausanias am angeführten Orte, welcher sagt, daß der Kai-
ser Augustus die Eleutherolacones von der
Herrschaft der Spartaner befreyet habe. —
Dieses Volk rühmte sich eines sehr großen

Alter-

ten achtzehn Städte. Schon der Name,
den ihnen die Spartaner gaben, beweiſt
ihre Freyheit: ελευθερος, frey. S. Pauſanias L. III, c. 21. So ſcheint oft
Sklaverey und Freyheitsgeiſt an einen gewiſſen Boden und Himmelsſtrich geheftet
zu ſeyn! —

Von hier fuhr ich um das Cap Mata-
pan (ehmals das Cap Tarnare) und
hernach zwiſchen Cerigo, dem alten Cythere, und dem Cap. St. Angelo, dem
alten Cap Malee durch. Onougnathos,
oder Asini Maxilla, deſſen Pauſanias
Lib. III, c. 22. als eines Vorgebürges erwähnt, iſt itzt nur eine kleine Inſel nahe
beym feſten Lande, die Cervi heißt.
Vielleicht hat das Meer die kleine Erdzunge
abgeriſſen, die dieſe Inſel mit dem feſten
Lande verband. Cerigo, das Vaterland
des Philorens, der zum jungen Dionys
in Syracus ſagte: „Laß mich wieder in
„meinen Kerker zurück bringen,„ weil er des
Tyrannen ſchlechte Verſe nicht ſchön finden
wollte, und das Vaterland des Bildhauers
Hermo-

Alterthums und leitete zum Theil ſeinen
Urſprung von Herkules, Apollo und Bacchus her. Die vornehmſte der achtzehn Städte hieß Gytheum. Anm. d. Ueberſ.

Hermogenes, ist eine kleine Insel, die einzige, welche den Venetianern noch übrig geblieben ist! Traurige Erinnerung an die herrlichen Besitzungen, die ihnen die Türken entrissen haben! diese Insel ist sehr gut angebauet, und bringt Korn, besonders aber Galläpfel hervor. Es ist hier eine Rhede und ein kleines Schloß an der südlichen Küste der Insel. Aber man sieht nichts mehr von dem so berühmten Tempel der Venus Urania, dem ältesten und berühmtesten, den diese Göttinn jemals in Griechenland gehabt hat. Paus. Lib. III, c. 23. Hier endigt sich der laconische Meerbusen, der heut zu Tage der Meerbusen von Colochina heißt. Nachdem ich das Vorgebürge Malea umfahren war, kam ich in den argolischen Meerbusen, der itzt von Napoli di Romania den Namen führt. Diese ganze Küste, die Pausanias beschrieben hat, ist itzt wüste und schlecht bebauet. Vergebens sucht man hier Epidelium, Epidaurus, Argos und Mycene. Obgleich Napoli di Romania auf diesem berühmten Boden liegt, so findet man doch kein altes Denkmal in seinen Mauern. Dieser Meerbusen endigt sich bey dem Vorgebürge Scylläum, das itzt
Cap

Cap Schilli heißt. Die Insel Hydra,
welche gerade gegenüber liegt, ist die alte
Insel Tiparenus. Vor ohngefähr drey-
sig Jahren, waren die Einwohner dieser
Insel noch offenbare Seeräuber, und wurden mehr gefürchtet, als die Mainotten
und Dulcignoten. Aber itzt sind sie so
sehr civilisirt, daß sie fast allein das ägäi-
sche Meer befahren, und den Handel von
Morea nach Egypten, Constantinopel und
Ancona ganz in Händen haben. Ihre
Schiffe sind sehr platt, den Galeeren ähnlich, mit großen italiänischen Seegeln,
und außerordentlich geschwind. Nichts
als ein großes Dorf, genannt Methone,
findet man an dem Ort, wo ehemals
Trözene stand; dieser berühmte Ort, wo
die unglückliche Phädra von ihrer schuldigen Flamme verzehrt wurde, und wo
der unglückliche Hyppolit zugleich der Gegenstand ihrer Liebe und ihrer Rache,
und von seinen Pferden gezogen und
getödtet wurde. Der See und Fluß
Lerna ist vermuthlich der itzige kleine Fluß
Planitza. Hier wurde die lernäische
Schlange geboren, die Herkules tödtete.
Dieses kleine Land, in dem man itzt etwa
drey Dörfer findet, schloß in den blühen-
den

den Zeiten griechischer Freyheit drey berühmte Reiche ein, Argos, Epidaurus
und Trözene.   Zu Epidaurus wurde besonders Esculap verehrt, und hier war
sein größter Tempel.   Hier glaubte der
gemeine Grieche durch Gelübde und Opfer
die verlohrne Gesundheit wieder zu erhalten, und sein Leben verlängern zu können.
Es ist sonderbar, daß, obgleich der nach-
denkende Verstand der Menschen, sich die
Begriffe der Allmacht, der höchsten Bil-
ligkeit und Gerechtigkeit von dem höchsten
Wesen abstrahirt hat, sie doch immer
wieder auf die gar zu menschliche Ideen
von Vortheil und Leidenschaft zurück kommen; daß sie sich einbilden, die Gottheit
durch Bitten und Geschenke bewegen, das
heißt, sie bestechen zu können.   Dieß
kömmt daher, weil die Menschen immer
Priester hatten; die Diener der Gottheit,
aber noch ämsigere Diener ihres eignen
Vortheils waren*.   Nach dem Pausanias
gab

*) Wenn dies auch nicht allein die Ursach der
   Opfer war, so scheint es doch, daß man
   bey Erklärung derselben auf die Bemer-
   kung des Verfassers über den menschlichen
   Verstand mitrechnen müsse.   Anm. d.
   Uebers.

gab es zu Epidaurus eine Art gelber Schlangen, die keinen Schaden thaten, und dem Aesculap geheiligt waren. Pausanias setzt noch hinzu, daß man diese Art Schlangen in keinem andern Theile von Griechenland finde.. Ich weiß nicht, ob dieser Schriftsteller auf seiner Reise etwa unrecht berichtet ist; so viel aber ist gewiß, daß man itzt eine solche Art Schlangen in diesem Lande gar nicht mehr kennt. Ich habe, aller meiner Untersuchungen und Nachrichten ohngeachtet, nichts von ihnen erfahren können. Die Stadt Epidaurus lag am Saronischen Meerbusen, der itzt der Meerbusen von Aegina heißt, oder ohngefähr in der Gegend von Astri oder Damela, der Insel Aegina gegenüber.

Hier verlor ich den Peloponnes aus dem Gesichte, und nachdem ich die Inseln Milo, welche nur wegen ihrer warmen Quellen bekannt ist, Antimilo, Argentiere, und Sifant, die alle wenig Bemerkenswerthes enthalten, vorbeygefahren war; so sah ich endlich das Cap Colonne, das alte Vorgebürge Sunium, und gegenüber die Insel Zia, ehmals Cea. Da ich diese Orte noch besonders besucht habe, so werd' ich hernach von ihnen noch

Gele-

Gelegenheit zu reden haben. Der Sinus
Saronicus endigt sich bey dem Vorgebürge
Sunium; ein Meerbusen, an deſſen Ufer
ehmals drey Staaten Attika, Corinth, und
Argos blüheten. Wenn man dieſes Cap
vorbeygefahren iſt, kömmt man nach der
Inſel Macroniſi, die ehmals Macris
oder Helena hieß, ein berühmter Ort,
weil der Räuber Paris hier mit der ſchönen
Helena landete, und ihre dem Menelaus
gebührende Umarmung genoß, welches
Griechenland ſo viel Blut koſtete, und
dem Homer den Stoff zu dem ſchönſten
Heldengedichte und die Unſterblichkeit gab.
Dieſe Inſel iſt itzt ganz wüſte und dient nur
den Heerden des Statthalters von Zia
zur Weide. Ich fuhr hierauf zwiſchen den
Inſeln Andros, dem Vaterland der berühmten Andria, die Terenz mit ſo vieler Feinheit auf das römiſche Theater brachte, und
Negropont durch. Es ſcheint, daß auch ehmals die Einwohner der Inſeln des Archipels in Griechenland Bediente waren *; ſo
wie

*) Der Göttinger Kunſtrichter bemerkt,
daß dies noch einer nähern Prüfung be-
dürfe. Wenigſtens kann es wohl nicht von
allen Inſeln des Archipels wahr ſeyn, daß
ihre Einwohner als Dienſtbothen emigrir-
ten,

wie noch itzt alle Knechte und Mägde in
Constantinopel, Smyrna und andern
großen Städten der Levante, Tauschangs,
das heißt, Insulaner sind. Andros ist
eine der anmuthigsten und fruchtbarsten
Inseln des Archipels. Seine Felder sind
sehr bebaut und tragen Maulbeerbäume,
Orangen und Citronen. Negropont ist
die größte Insel im Archipel. Ehemals
hieß sie Euböa, und gehörte den Athenien=
sern, war aber eine Zeitlang frey. Die
Türken haben sie den Venetianern zugleich
mit den andern reichen Besitzungen der=
selben im Archipel abgenommen und
besitzen sie noch. Diese Insel ist sehr
reich und fruchtbar an Wein, Getraide,
besonders aber an Seide. Die Hauptstadt
ist Negropont, welche am Ufer der Meer=
enge Euripus liegt, wo ehmals Chalcis
war. Diese Meerenge liefert eine sonder=
bare Erscheinung der Ebbe und Fluth, die
zu allen Zeiten ein Geheimniß gewesen ist.
Spon und Wheler haben in ihrer Reise

nach

ten, weil verschiedene dieser Inseln, welche
besondere Staaten ausmachten, weit mehr
bebauet wären und sich in einem weit blü=
hendern Zustande befanden, als itzt. Anm.
d. Uebers.

B

nach) der Levante eine besondre Abhandlung
über die Ursachen dieses Phänomens geliefert; aber nichts gesagt, was man nicht
schon vorher wußte, und die wahre Ursache unerklärt gelassen*). Als ich das Cap
d'Oro,

*) Die regelmäßige Unordnung im Euripus
ist bekannt. Sie soll sogar den Aristoteles
das Leben genommen haben. Die spätern
Untersucher sind in Erklärung der Ursachen
dieses besondern Phänomens eben so wenig
glücklich gewesen. Es ist wahr, was der
Verfasser sagt, daß Spon und Wheler,
die sich weitläuftig genug darüber auslassen,
doch nichts Neues lehren. Die beste Nachricht hievon hat der Jesuit Babin geliefert, der zwey Jahre hindurch die Abwechselungen dieser Meerenge beobachtete und
bey den Einwohnern an der Küste genau
nachforschte. Die Sonderbarkeit dieses
Phänomens besteht darinn, daß die Ebbe
und Fluth, gewisse Tage hindurch, eben so
regelmäßig, wie im Ocean abwechselt, das
heißt, daß alle vier und zwanzig Stunden zwey
mal Ebbe, und zwey mal Fluth ist; zu andern Zeiten aber so sehr hievon abweichet,
daß man oft in vier und zwanzig Stunden
vierzehnmal Ebbe und Fluth sieht. Dies
hat schon Pomponius Mela B. 2, Cap. 7.
bemerkt. Und der Jesuit Babin hat eine
Tabelle dieser Veränderungen nach genauen
Beob-

d'Oro, das Capharische Vorgebürge der
Alten, umfuhr, bemerkte ich sehr sonderbar
gebildete Berge.   Jede Spitze derselben
scheint ein feuerspeyender Berg gewesen zu
seyn, wenn man die Gestalt und die Materie derselben betrachtet.   Denn man
B 2   kann

Beobachtungen verfertiget, die ich hier,
weil sie vermuthlich in weniger Leser Händen seyn wird, hersetzen will.

Neumond ☉ 1, regelmäßig wie an andern Orten
des Weltmeers.

2,⎫
3,⎪
4,⎪
5, ⎬regelmäßig
6,⎪
7,⎭

Erstes Vierthel ☽ 8,⎭

9, unregelmäßig ⎫ alsdann sind
10, unregelmäßig ⎪ in 24 Stun-
11, unregelmäßig ⎬ den 12 13 o-
12, unregelmäßig ⎪ der 14 Ebben
13, unregelmäßig ⎭ und eben so
viel Fluthen:

Voller Mond ● 14,⎫
15,⎪
16,⎪
17, ⎬regelmäßig
18,⎪
19,⎪
20,⎭

letztes

kann ganz deutlich sehn, daß diese Materie alte Lava ist. Nahe bey Castelrosso
ist ein Gipfel von Bergen, der sich über
alle übrige erhebt, und der die Oeffnung
eines ehemaligen feyerspeyenden Berges
ist. Dieser Gipfel besteht nicht aus Sand
und Bimssteinen, wie der Aetna und Vesuv,
welche dergleichen dicke Materie enthalten;
sondern er besteht aus einer Lava, die her-
vorstechende Spitzen hat, weil sie gefroren
ist,

letztes Vierthel { 21,
22,
23,
24, } unregelmäßig
25,
26,
27,
28, } regelmäßig
29,

Wenn vielleicht die Gegend dieser sonderbaren Erscheinung bald, wie es scheint, sich
unter dem Scepter der großen Catharina
befinden wird, und alsdann unsre Kenntnisse
von der Natur und Kunst Griechenlandes
noch mehr Erweiterungen hoffen dürfen:
so ist es vielleicht auch noch einem künftigen
Untersucher aufbehalten, den Naturkündi-
gern das Räthsel des Euripus zu lösen.
Anm. d. Uebers.

ist, nachdem sie gekocht hat und flüßig
gewesen ist.   Man muß annehmen, daß
dieser Berg sich durch eine große innere
Gährung gebildet habe, die am Gipfel des
Berges ausbrach und also auch alle Materie, die er enthielt, in die Höhe auswarf;
(welches bey dem Aetna und Vesuv nicht
geschieht, wo die Ausbrüche gewöhnlicher
in der Gegend von zwey Drittel der Höhe
des Berges geschehn) und daß diese Materie in der Länge der Zeit zum Theil wieder Erde wurde, wie dieß bey allen alten
Auswürfen zu geschehn pflegt.   Ohngefähr unter dem Capo Chimo, an der
nordlichen Seite des Vorgebürges, in zwey
Drittel Höhe der Berge, ist ein feuerspeyender Berg, der noch sehr stark raucht.
Der Capitain des Schiffes, an dessen
Bord ich mich befand, war diese Gegend
oft des Nachts paßirt, und versicherte
mich, daß er an diesem Berge immer vielen Rauch, aber niemals eine Flamme bemerkt hätte.   Nachdem ich hierauf die
Insel Scio an der Nordseite des Promontorium Possidium der Alten, und
das Promotorium Argenum der Halb-
insel Clazomene vorbeygefahren war; so

B 3   befand

befand ich mich in dem Meerbusen von
Smyrna. Die berühmten alten Städte
Clazomene, Chalcis u. s. w. sind nicht
mehr; keine Spur, keine Trümmer ist
mehr von ihnen zu finden; nur von den
alten Schriftstellern wissen wir, daß ehmals diese Städte waren. Der Corycus
ist eine Reihe von unbebauten Bergen;
nichts erinnert mehr an das so reizende
Jonien des Alterthums. Doch ist der Anblick der Küsten längs dem Meerbusen von
Smyrna sehr angenehm und abwechselnd:
Ein schönes Grün, Waldung von hohen
und niedrigen Bäumen, Rasenbänke, hin
und wieder zerstreuete ländliche Wohnun-
gen rufen weit eher die Idee des un-
schuldigen güldnen Zeitalters, und die
schönen Aussichten der ländlichen Schweiz
zurück, als daß sie daran erinnerten,
man befinde sich an dem ehemaligen Sitze
Lydischer Pracht und Weichlichkeit. Die
Türken haben ein sehr unbedeutendes
Schloß, mitten in dem Meerbusen gegen
Süden, das ihnen nur dazu dient, dann
und wann die Schiffe solcher Flaggen zu
beunruhigen, die von ihnen nicht gefürchtet werden. Die Inseln Vurla sind
wüste,

wüſte, und zuweilen den Seefahrern bey
ſchlechtem Wetter eine Zuflucht.

Zweytes Capitel.

Beſchreibung von Smyrna. Reiſe nach Epheſus.

Wer das Lob Joniens und Smyrna's
leſen will, der mag den Pauſanias
(Lib. VII. c. 5.) nachleſen*). Aber ſo
wie alle Urtheile der Menſchen immer ver=
ſchieden ſind; ſo ſagt auch hier Horaz:

> Quid tibi viſa Chios, Bullati, notaque
> Lesbos?
> Quid concinna Samos? Quid Croeſi regia
> Sardis?
> Smyrna quid et Colophon? majora, mino-
> raue fama?
> Cunctaque prae campo et Tiberino flu-
> mine ſordent?
> *Hor. Lib. I. Ep. XI.*

B 4   Dieſer

*) Der Grund des Unterſchieds zwiſchen dem
alten und itzigen Jonien, liegt doch wohl
vornemlich in der Verſchiedenheit der Cultur und Regierungsform. Natur und
Clima ſind wahrſcheinlich noch immer dieſelben. Pauſanias, in der angeführten
Stelle,

Dieſer Dichter, ganz eingenommen von
dem Hofe des Auguſts, an dem er ſein
Glück gemacht hatte, ruft aus:

Laudabunt alii claram Rhodon, aut My-
tilenen,
Aut Epheſum, bimariſue Corinthi
Moenia. ――― ――― ――
Me nec tam patiens Lacedaemon,
Nec tam Lariſſae percuſſit campus opimae,
Quam domus Albuneae reſonantis,
Et praeceps Anio, et Tiburni lucus.
Hor. Od. L. I. 7.

Es befremdete mich bey meiner Ankunft
in Smyrna ſehr, kleine beſſere Lage und
keine ſchönere Gegend zu finden. Die
Stadt liegt an dem Abhange eines Berges, auf deſſen Gipfel ein Kaſteel ſteht,
das Johann Ducos erbauet hat. Alle
Gegenden der Stadt ſind wüſte, und
man ſieht nichts als von der Sonne verbrannte Raſen, und einige traurige Cypreſſen, die Lieblingsbäume der Türken.
Das Innere der Stadt iſt noch weit häs-
licher, und die Gaſſe der Franken, die
beſte

Stelle, redt nicht ſowohl von ſchönen und
angenehmen Gegenden, ſondern nur von der
Geſundheit der Luft, von Gebäuden, Tempeln, und andern Werken der Kunſt.

beſte der Stadt, iſt kothig und ſchlecht gebauet. Die Häuſer der Europäer, ob ſie
gleich nur von Holz gebauet und eine Eta-
ge hoch ſind, ſind ausnehmend theuer;
weil außer den Baukoſten die Europäer
auch noch den Boden ſehr theuer bezahlen
müſſen. Ich habe Häuſer von funfzig
tauſend Thalern geſehn, für die man in
Italien oder Frankreich nicht ſo viele Sous
gegeben hätte. Die Zahl der Einwohner
wird auf hundert und zwanzig tauſend
gerechnet, Türken, Griechen, Armenier, Juden und Franken mitgerechnet *).
Smyrna hat faſt gar keine ſchöne Mo-
ſcheen, wenn man ſie mit denen von Conſtantinopel vergleicht. Einige Bezeſteins
und ein neuer Kan ſind ſchön. Ein Beze-
ſtein iſt ein Gebäude, wo allerley Waaren
B 5 ver-

*) Die Anzahl der Einwohner von Smyrna
wird von den Reiſebeſchreibern ſehr verſchieden angegeben. Tournefort ſchätzt
ſie nur auf ſieben und zwanzig tauſend zwey
hundert; Le Brünn vierzig tauſend (vielleicht ſind bey dieſen Angaben nicht die
Einwohner aller Nationen, z. E. die Juden
und Franken mitgerechnet) Tavernier
neunzig tauſend; Pocock auf hundert tauſend. Der Ueberſ.

verkauft werden. Die Kaufmannsbuden
sind an beyden Seiten, und mitten durch
sie hin geht eine Gasse oder Durchgang:
alles aber ist mit einem Dache bedeckt.
Die Kans sind große Gasthöfe für die Reisenden, besonders aber für die Kaufleute,
die mit den Karwanen kommen. In der
Mitte dieses Hauses ist ein viereckigter
Hof, der von Gebäuden umgeben ist.
Ein großer bedeckter Gang geht um alle
Gemächer, welche mit Zahlen bezeichnet,
und mit Kuppeln bedeckt sind, um einer
Feuersbrunst desto besser widerstehen zu
können, welcher Zufall in der Levante so
gewöhnlich ist. Jeder Reisende ohne Unterschied, wird in diesen Kans aufgenom-
men, und darf nichts für seine Stube und
das Aufheben seiner Sachen bezahlen.
Dieß sind meistentheils fromme und wohl-
thätige Stiftungen reicher Privatpersonen; und selten macht die Regierung dergleichen Einrichtungen.

Das Casteel wird in sehr schlechtem
Stande erhalten. Der coloßische Kopf
von Marmor, den man hier findet, und
den man für den Kopf einer Amazone ausgiebt, gehört einem Apollo zu. Man er-
kennt

kennt diesen Gott an seinen Haaren, und
seiner Physionomie, obgleich die Türken,
erklärte Feinde und Zerstörer aller Denkmale des Alterthums, ihm viele Streiche
ins Gesicht beygebracht haben.

Voll Sehnsucht, die Ruinen und wenigen Ueberbleisel des alten Ephesus zu sehn,
dieser Stadt, die wegen ihres wunderba-
ren Tempels, den sie der Diana erbauet
hatte, und wegen der vielen, wichtigen
Revolutionen, die sie in verschiednen Zeit-
altern, und besonders zur Zeit des spätern
Kaiserthums *) erfuhr, so berühmt ist;
und nur dreyßig Meilen von dieser Stadt
entfernt, reisete ich von Smyrna ab,
meine Begierde zu befriedigen. Ich hoffte
während dieser Reise den reizenden Anblick der schönen Gefilde Joniens zu genies-
sen, und die Erinnerung an die schönen
Gegenden um Neapel und die herrlichen
Aussichten Siciliens erweckte mir die angenehme Hoffnung, daß ich hier ein ähnliches

*) Nach Herr O. E. R. Büschings Bey-
spiel in der Uebersetzung von d' Anville
Beschreibung des türkischen Reichs übersetz
ich der Franzosen Pas-Empire durch späte-
res Kaiserthum. Der Uebers.

ches Vergnügen genießen würde, als ich
in jenen glücklichen Gegenden empfunden
hatte. Aber meine Erwartung wurde sehr
getäuscht. Der Boden ist hier schlecht
bebauet; einige Weinberge, Oelbäume
und schlecht bestellte Ackerfelder ist Alles,
was er dem Auge darbietet. Selten sieht
man Bäume, die schlecht gewachsen sind.
Ich hoffte hier in Kleinasien einen Ueberfluß an den Früchten, die in unserm Clima fremd sind, als der Aloe, dem indi-
schen Feigenbaum und dergleichen zu finden; aber ich fand gar nicht, was ich
hoffte. Hin und wieder findet man Aussichten und Schönheiten der Natur, aber
man bemerkt allenthalben, daß die Natur
von dem Fleiße des Menschen verlassen und
daher unfruchtbar ist. Zu Sedikiew,
einem Dorfe drey Meilen von Smyrna,
fand ich eine schöne Urne von Granit, die zu
einem öffentlichen Brunnen dient, und auf
derselben eine griechische Innschrift, die
aber ganz ausgelöscht und unleserlich war.
Zu Dewilikiew hielt ich die erste türkische
Mahlzeit bey dem Aga oder dem Befehls-
haber des Dorfs; und ich schlief zu Alama
in einem Caffeehause, einer Hütte, wo

zwey

zwey Türken, wovon der eine ein Neger
war, Caffee verkauften. Dieß erinnert
mich an eine Anecdote und sonderbare Frage, die diese Türken an mich thaten. „Ob
wohl, fragten sie mich, ein armer Türk in
der Christenheit eben so gut Allmosen erhalten würde, wie sie es keinem Dürftigen
weigerten, er möchte Jude oder Christ
seyn?„ Diese Frage machte mich erröthen, aber ich glaubte: Ja antworten zu
müssen, um die Ehre des Christenthums
zu behaupten, und mir Vorwürfe zu erspa-
ren, die mir mit Recht hätten gemacht werden können. Hätt' ich ihnen gesagt, wie
man die Juden und Mahomedaner in
Spanien und Portugall behandelt; wie
wir die Völker von America bekehren; auf
wie schreckliche Kriege und wie vieles
Blutvergießen das Christenthum im Norden gegründet ist — welche abscheuliche
Idee würden sich diese gute Menschen nicht
von den Dschaurler d. i. Ungläubigen (so
pflegen die Türken uns zu nennen) gemacht haben? — Ephesus heißt itzt bey
den Türken Aja-Soluk, und ist nur ein
kleines Dorf mit einem alten ganz verfal-
lenen Casteele. An dem Platze des alten

Ephe-

Ephefus *) gegen Weſten findet man noch
eine Menge Ruinen und viele unterirdi-
ſche Gänge, welche Trümmern von dem
alten Tempel der Diana ſeyn müſſen; denn
dasjenige, was Tournefort für den Tempel
hielt, war ohne Zweifel ein öffentliches
Bad.   Ich habe nachher gehört, daß
zwey engliſche Architekten **), welche neu-
lich von dieſer Reiſe zurück gekommen, eben
der Meynung ſind; und man darf nur die
Bäder des Caracalla und Diocletian zu
Rom geſehn haben, um zu begreifen, daß
dieſes Denkmal nichts anders ſeyn kann.
Von jenem berühmten Tempel, den Cher-
ſiphron bauete, Heroſtrat verbrannte,
Cheiromocrates noch weit prächtiger wieder bauete, dieſer Architect, der ſo große
Ideen nährte, der Alexandrien bauete,
und dem Alexander den Vorſchlag that,
ſein Bild in den Berg Athos einzuhauen:
— von dieſem Tempel findet man itzt
gar

*) Denn Aja-Soluk (welches auch Aja-
Juni heißt) iſt nicht an der Stelle des alten Epheſus, ſondern etwas entfernt davon, gegen Oſten.

**) Dieſe Architekten ſind nach der Göttin-
ger Zeitung die Herren Revet und Chand-
ler.   Anm. d. Ueberſ.

gar keine Spuren mehr, ausgenommen
einige Grotten *), itzt traurige Wohnun-
gen der Fledermäuse. Die Bäder, welche man gemeiniglich für den Tempel hält,
müssen sehr prächtig gewesen seyn. Denn
man sieht an der Erde zwey Säulen von
schwarzem Granit, die vortreflich sind, von
ionischer Ordnung; ihr Diameter enthält
unter dem Gesimse, dem feinsten Ort
der Säule, vier Neapolitanische Palmen **).
In der Mitte dieses Gebäudes ist ein von
starkem Marmor angelegtes Zimmer, welches das Hypocaustum der Alten gewesen zu seyn scheint, wo man das Wasser
zum Baden erwärmte, und von da in die
Bäder brachte. In der Mitte ist eine
kleine Treppe, die bis in die Höhe führt.

Man

---

*) Der Herr Verfasser hätte nicht vergessen
sollen, auf welcher Stelle er diese Grotten
fand? So wäre die Lage des berühmten
Tempels entschieden. Anm. d. Uebers.

*) Palme ist ein in Italien übliches Längen-
maaß von gedoppelter Art. Das eine beträgt
eine Händlänge oder neun Zoll; das andere
eine Handbreite, oder drey bis vier Zoll.
Da der Verfasser dieses Maas so oft gebraucht: so hätte er anzeigen sollen, von
welcher Art desselben er rede. Der Uebers.

Man sieht hier auch noch die Ueberbleisel einer Wasserleitung von Ziegelsteinen, die hieran stieß. Das Castellum aquae, wo sich die Wasser sammleten, ist von großen gehauenen Steinen. Die Grotten, welche auf dem Abhange des Berges angelegt sind, scheinen mir vielmehr Gräber gewesen zu seyn, als Gewölbe des Tempels der Diana, wie Tournefort glaubt. Denn der Tempel konnte nicht am Abhang des Berges seyn. Man weiß vielmehr, daß er auf einem morastigen Grunde gebauet, und also im Thale war *). Neben der Wasserleitung sieht man ein Theater, das in dem Felsen gehauen ist, wie das zu Syracus in Sicilien. Man kann aber davon nichts mehr als den Umfang erkennen; die Stufen und die Bühne selbst sind ganz mit Moos bedeckt. Die Pforte, wie sie Tournefort nennt, ist ein Triumphbogen des Kaisers Adrian, der von Griechen und Morgenländern außerordentlich ge- schmei-

*) In diesem Thale waren denn auch wohl die Grotten, welche der Herr Verfasser oben für die einzigen Ueberbleisel des Tempels erklärt? Aber er bestimmt doch den Ort nicht genug. Anm. d. Uebers.

schmeichelt und vergöttert wurde. Man
findet auch eine verstümmelte lateinische
Inschrift daran, die Tournefort aufbehal=
ten hat. Man siehet in der Ebene noch
andre Stellen und Ruinen von kleinern
Tempeln. Ich fand unter den Trümmern
einiger dieser Tempel einige Stücke vom
Frieß, das zu einer Säule von corinthi=
scher Ordnung gehört hatte. In dem
Dorfe nahe bey dem Kan ist eine Urne
mit drey mittelmäßigen Figuren, und ei=
ner griechischen Inschrift, die ganz ausge=
gangen ist; ferner ein antiker Cirkel von
Marmor, wie der ist, den man im Capitol
zu Rom sieht, aber nicht mit Bildhauerar=
beit gearbeitet. Die Basreliefs über dem
Thore dieses Schlosses stellen, das eine
Bacchantinnen mit ihren Kindern, das
andre den Tod und das Begräbniß des
Hectors vor. Auf einer kleinen Säule
am Schlosse sind einige unzusammenhän=
gende Buchstaben lesbar — HPO — TO
XI; — und auf verschiednen Steinen in
der Mauer des Schlosses folgende: —
HΣTOTAHΣ KAI —— —— OM —
OIOΣ — KATEX — AΣ — In
der Moskee des Dorfs sind zwey Säu=

C   len

len von schwarzem Granit von vierzehn
Neapolitanischen Palmen im Umfang;
zwey von rothem Granit von eben dem
Umfang. Auf meiner Rückreise von Ephesus kam ich über den Cayster auf einer
Brücke, die aus alten Trümmern und
Bruchstücken von Säulen und andern
Denkmalen des Alterthums bestand. Zwey
Meilen von Ephesus ist eine Grotte, die
auf eine erstaunende Tiefe in einen Felsen
perpendicular hinein gegraben ist. Man
kann nur von der andern Seite des Felsens
hineinsteigen; und hält diese Grotte für
die der berühmten sieben Schläfer, welche
ein wohlthätiger Schlaf so lange befiel,
als die Verfolgung der Christen währte.
Ich hielt mich zu Tourbale auf, suchte
aber daselbst vergebens die Inschriften,
welche Tournefort anführt; im Kan
giebt es schöne Stücke von Granit- und
Marmorsäulen, die einem sehr schlechten Dache zu Pfeilern dienen. Ich sah
auf meiner Rückreise noch den Berg
Tortogli, den Olymp von Bithynien,
ganz mit Schnee bedeckt im Monath Junius. Ich kam von meinen Untersuchungen in Smyrna wieder zurück, da ich vorher

er noch über den Meles gekommen war,
einen Ort, den Homer berühmt gemacht
hat, weil er hier seine ewigen Gedichte
sang. Ich wunderte mich nicht darüber,
daß Homer hier die Batrachomyomachie
verfertigt hatte. Es giebt in diesem Fluß
eine unzählige Menge Frösche, die ein unerträgliches Geschrey machen, vor welchem man die melodischen Gesänge der
Nachtigallen, welche hier auch sehr häufig
sind, nicht hören kann.

Der Gottesdienst der Diana zu Ephesus und die Münzen, auf welchen man
Köpfe smyrnischer Amazonen sieht, kommen von den Amazonen her, weiblichen
Kriegern, die von dem Fluß Thermodon
kamen, und sich in diesen Gegenden niederliessen. Man kann davon den Pausanias B. VII, Cap. 2, 3, 4, nachsehn.

Ephesus war das Vaterland des Parrhasius, des Sohns und Schülers des
Evenus und Nebenbuhlers des Zeuxis.
Er war ein vortreflicher Maler, aber zu
sehr von sich eingenommen, so wie ein
großer Maler unsrer Zeit, der ein Nebenbuhler Raphaels ist *).

C 2　　Drittes

*) Auf den Namen eines Nebenbuhlers
von

Drittes Capitel.

Reise durch die Inseln des Archipels. Beschreibung von Scio, Samos, Mycone, Tine, Delos, Nraia, Paros, und Antiparos, Syra und Termia, Zia.

---

1) Beschreibung von Scio.

Da die Insel Scio die nächste bey Smyrna ist, so richtete ich hieher meine Reise zuerst, als ich die Inseln des Aegäischen Meers besehn wollte. Diese Insel hieß bey den Alten Chius, gehörte zu Jonien

von Raphael können nur so wenige Anspruch machen, daß der Verfasser damit ziemlich deutlich, wen er meyne? bezeichnet. Aber sollte man es denn einem großen Manne, Künstler oder Schriftsteller nicht verzeihen, wenn er seine Größe etwas fühlt, (und wie natürlich muß dies nicht seyn, da er gemeiniglich lauter Leute um sich sieht, die weit unter ihm sind?) und es dann und wann, vielleicht ohne es selbst zu wissen, merken läßt, daß er sie fühle?

Jonien und brachte vortrefliche Weine hervor, die Virgil und Horaz besungen haben. Nach Aufhebung des griechischen
Kaiserthums, war sie eine Besitzung bald
der Genueser, bald der Venetianer, und
itzt gehört sie den Türken. Sie ist die
schönste Insel im Archipel, ihre blühende
Felder sind mit Orangenbäumen, Citro-
nenbäumen und Weinbergen besetzt. Der
Seidenbau ist beträchtlich; aber das vorzüg-
lichste Product der Insel ist Mastix. Dieß
ist ein Harz, das auf einem Baume wächst,
welcher Lentiscus heißt, der nur Menschen-
hoch ist, und viele Sorgfalt und Wartung
fordert. Unter drey und sechzig Dorfschaften, welche die ganze Insel enthält,
sind nur drey auf der westlichen Seite,
welche Mastix bauen. Aller Mastix muß
zum Grossultan gebracht werden, und
anderer Handel damit ist Contrebande.
Die Türken lieben ihn sehr, sie kneten ihn
ins Brod, und die Weiber kauen ihn mit
vielem Vergnügen. Jeder Einwohner
der drey Dorfschaften muß zwey Ockuen *)
liefern, und was fehlt, die Ockue mit

C 3   zwey

*) Eine Ockue beträgt drey Pfund zwey Un-
zen Marseiller Gewicht.

zwey Piaſtern bezahlen; was aber mehr gebauet wird, nimmt der Grosſultan die Ockue für einen Piaſter. Ein Geſetz, das den
deſpotiſchen Staat verräth, in dem es gegeben iſt! Dieſe Maſtixdörfer ſind daher
auch weit ärmer, weit mehr Tyranneyen
unterworfen, als andre.

Da in der Stadt die Peſt war, welche
täglich dreyßig bis vierzig Menſchen weg-
nahm, ſo flüchtete ich mich in ein Dorf,
welches Nejida heißt, deſſen reizende Gegenden, fruchtbare und blühende Küſten
mich an die von Sorriento erinnerten.
Caraque non molli iuga Surrentina
Lyaeo. Stat. Sylu. L. III. Am Ufer des
Meers nahe bey dieſem Dorf ſah ich ein
Stück von weiſſem Marmor, das eine oval
Säule geweſen war, oder das vielmehr
zwey halbe Säulen ausmachte, die durch
einen Pfeiler verbunden waren, wie man
dergleichen zu Rom im Hofe des Pallaſts
Maßimi findet.

Die Gegenden der Stadt ſind auch ſehr
ſchön, aber das Innere iſt ſehr ſchlecht,
obgleich die Häuſer von Steinen ſind, welches man in der Levante ſehr ſelten findet.
Ich konnte die Zahl der Einwohner in der
Stadt

Stadt und auf dem Lande nicht erfahren,
weil die Griechen auf den Inseln des Archipelagus sich gemeiniglich verbergen, wenn
der Capoutan = Pacha oder der Admiral
der Pforte kömmt, um den Karatsch oder
Kopfschatz einzunehmen, und nach seiner
Abreise in großer Menge wieder hervor=
kommen. Die Kleidung des weiblichen
Geschlechts in Scio ist sehr sonderbar und
von der in den hiesigen Gegenden üblichen
verschieden. Sie ist der Kleidung der
Gärtnerweiber zu Nürnberg ähnlich. Es
ist sonderbar, daß diese Weiber zu Scio
eben die Beschäftigung treiben, nämlich
Gartengewächse zu bauen, die nach Con=
stantinopel gebracht werden; und dabey
eben so gekleidet gehn, wie die Gärtne=
rinnen in der Mitte von Deutschland.

2) Beschreibung von Samos.

Ich stieg bey dem Dorfe Vathi an
der Nordseite der Insel Samos ans
Land; wo man mich aber hier zu einer
Quarantaine von vierzehn Tagen zwin=
gen wollte, weil ich von Scio und
Smyrna kam, so entschloß ich mich,
nach der Südseite der Insel mich zu wen=

den,

ben, um die Trümmer der alten Stadt
Samos und des berühmten Tempels der
Juno zu sehn; um auf dem Grabe des
Leontychus und der Rhadine zu seufzen;
um die Wohnung des glücklichen Poly-
krates, und des Weisen, Pythagoras,
zu bewundern! —

Ich hatte noch bey meiner Abreise Gelegenheit, die griechische Treulosigkeit
und Betrügerey kennen zu lernen. Denn ob
mir gleich anfangs der Eingang in ihre
Stadt versagt war, so erhielt doch
hernach mein Drogueman (Dollmetscher)
von den Archonten oder Obersten des Orts,
unter denen auch zwey Papas oder griechische Priester waren, ein förmliches Pa-
tent, daß wir uns vierzehn Tage in ihrem
Dorfe aufgehalten hätten; und dieß kostete
nur zwey Piaster oder sechs französische
Livres.

Auf dem Platze der alten Stadt findet
man noch viele Ruinen und Bruchstücke;
traurige Ueberbleisel der alten Größe! Man
sieht hier noch ganz deutlich den Canal, der
ins Meer geleitet, und von gehauenen
Steinen gebauet war. Man erkennet
auch noch hin und wieder die Mauern der
Mar-

Marmorstadt, und Merkmale einiger Tempel. Am Ufer des Meers sieht man auch
drey Säulen von Marmor, welche dienten, die Mauern der Stadt gegen dieMeeres-
wellen zu schützen. Ich fand auch ein
Stück Marmor mit folgender, verstüm-
melter Inschrift:

```
 -  -  ΡΟΠΗΝΑΡΑ - -
   -  ΑΤΤΟΛΑΜΒΑ  -
   -  ΤΑΥΤΝΠΑΝΤΑ -
   -  Ν - ΡΟΜΑΙΩΝ -
   -  ΜΗϹΑΝΤ -
   -  ΝΟΙϹ -  -
   -  -  -  ϹΟ  -
```

Nahe dabey sieht man einen Sumpf, den
eine Mauer umgiebt, die ein Fünfeck ist. Sie
ist nicht alt, ob ich gleich glaube, daß dieser Sumpf durch den Abfluß des Wassers
entstanden ist, das ehmals in Canälen
floß. Nicht weit davon gegen dem Berg
zu, liegt der Flecken KOPA, der vornehmste Ort der Insel. Die Trümmern
des Tempels der Juno sind noch eine
Meile davon entfernt. Sie bestehn in
zwey noch ganzen Säulen von sehr schönem weissen Marmor, und in sieben oder
acht

acht zerſtückten. Dieſe Säulen haben keine
Baſis, aber ſechs ausgehölte Rinnen eine
über der andern. Sie hatten ſieben Neapolitaniſche Palmen im Durchſchnitt, und
eine jede beſteht aus zwölf Stücken eins
über dem andern. Das Capital, welches
auf die Erde herabgeſtürzt war, iſt auch
ſonderbar, es hat gar keine Schnecken.
Die Zierrathen beſtehn aus halben Eyern*)
und rhomboidiſchen Figuren. Dieſes Capital beweißt eben ſo, wie die Säulen ohne
Baſis, daß dieſer Tempel im ſehr alten
ioniſchen Geſchmack gebauet, und vielleicht aus der Zeit des Architekten Rhoe-
cus iſt. Es iſt wenigſtens gewiß, daß wir
kaum ein andres ioniſches Monument von
gleichem Alter haben; und es verdiente
deßwegen eine Stelle in dem Capitol zu
Rom. Im Tournefort findet man eine
ſehr gute Abbildung davon. Nahe dabey
iſt ein kleiner Bach, der ins Meer fällt,
und der vielleicht der alte Imbraſus ſeyn
kann, an deſſen Ufer Juno geboren iſt.
Pauſ. L. VII. c. 4. Man ſagt, daß Smi-
lis von Samos, ein Zeitgenoſſe des Dädalus,
die Staue der Göttinn gemacht habe. Nicht
weit

*) Eine Figur in der Baukunſt.

weit von diesem Bache ist ein altes Grabmal
von Ziegelsteinen, das meine Einbildungskraft sehr gern für das Grabmal des Leontychus und der Rhadine annahm, weil ich
es mit dem Wunsche, es zu finden, suchte.

Die Insel Samos ist sehr fruchtbar.
Sie bringt sehr viel Seide und Baumwolle hervor, besonders aber guten
Wein. Der Muscatwein von Samos
wird sehr gesucht und dem von Frontignan
gleich geschätzt. Es wird für sechszig tausend Piaster Wein verkauft, die Tonne
zu vier Piaster gerechnet. Es ist nur ein
Aga, und noch sieben oder acht Türken
auf der Insel*); jedes Dorf sorgt für seine
Polizey selbst. Der Aga wohnt in dem
vornehmsten Orte**); überhaupt sind vierzehn Dörfer auf der Insel. Die Einwohner müssen fünf Piaster Karatsch von jedem

---

*) Nur drey türkische Häuser, sagt Tourne-
fort, nemlich des Cadi, das Aga, welche
beyde zu Cora wohnen, und eines Unterbedienten des Aga, der sich zu Carolowassi
oder Wati aufhält. Der Aga kömmt auch
nur im Jahre einmal her, um den Kopfschatz einzunehmen. Anm. d. Uebers.

**) Dieß ist, wie oben gesagt worden, der
Flecken KOPA. d. Uebers.

dem Kopfe*), und den siebenten Theil aller
Producte ihres Bodens in Gelde geben.
Die Einwohner des Dorfs der Meteliner
sind der Moskee Tophana zu Constantinopel durch einen Capoutan Pascha vermacht,
dem der Sultan Selim der zweyte dieß
Dorf geschenkt hatte; wenn das weibliche
Geschlecht zu Samos ehmals eben so häßlich war, als es itzt ist; so darf man sich
nicht wundern, daß die Verehrung der
Juno hier vor der Venus den Vorzug
hatte, und daß man hier gar keine Reizun-
gen hatte, die eheliche Treue zu brechen **).

Ich

**) Die Summe dieses Kopfschatzes macht nach
Tournefort sechs tausend vierhundert und
funfzig Thaler. Jede Person zahlt an den
Sultan jährlich fünf Thaler. Der Aga,
für seine Mühe, einen Thaler; und die
Papas, welche sich in alles mischen und besonders mit der Anordnung und Verthei-
lung des Kopfschatzes sich zu thun machen,
bekommen dafür vom Kopfe zehn Sous.
Alle Abgaben eines Einwohners von Samos das ganze Jahr durch, betragen also
sechs Thaler zehn Sous, etwa zwanzig mal
weniger, als die Abgaben eines deutschen
Bauers.*

**) Die Weiber von Samos, sagt Tournefort,

sind

Ich habe auf dieser Insel auch ein schön
Stück Lava, und sehr deutliche Spuren
eines feuerspeyenden Berges gefunden.

Als ich von Samos abfuhr, kam ich
die Insel Nicaria vorbey, die gar keine
Häfen hat, mit Felsen umgeben und mit
Holz bedeckt ist. Zur Linken ließ ich die
Insel Patmos liegen, wo Johannes seine
Apokalypsis soll geschrieben haben, und kam
nach Mycone.

3) Beschreibung von Mycone.

Das Erste, was mir hier auffiel, waren die
unzähligen Beweise feuerspeyender Berge,
die man hier allenthalben sieht. Man bemerkt Ausbrüche, den Gang der verschiednen Lava, ihre Composition aus mancherley Materien, und alle Kennzeichen eines
feuerspeyenden Berges. Man findet eben
dieses auf allen Inseln des Archipels, und
nahe bey Santorin ist ein Felsen, der noch
raucht. Die warmen Wasser zu Milo,
der feuerspeyende Berg auf Negropont
und die Lava, welche man auf allen Inseln

sind häßlich, unreinlich, und kleiden sich
nur einmal des Monats mit reiner Wäsche.
Anm. d. Uebers.

seln dieses Meers findet, beweisen genug,
daß alle diese Inseln durch unterirrdische
Entzündungen entstanden sind, die in feuer=
speyenden Bergen ausbrachen und diese
Inseln hervorbrachten. Es ist nur ein
großes Dorf auf der Insel, welches auch
Myconus heißt, und aus acht hun=
dert Häusern besteht. Die Insel ist sehr
unfruchtbar, und ihr einziges Product
ist sehr schlechter Wein. Aber die Einwoh=
ner befinden sich doch in sehr gutem Wohl=
stande, weil sie einen sehr vortheilhaften
Handel mit Holze treiben, welches sie vom
Berg Athos, der itzt Monte Santo
heißt, nach Egypten bringen; denn dieses
Land hat gar kein Holz. Sie führen da=
für wieder Caffee und Reis zurück, die in
Morea und auf den Inseln des Archipels
viel gebraucht werden.

Das Frauenzimmer auf Myconus ist
artig genug, aber es entstellt sich selbst
durch seine geschmacklose alberne Klei=
dung: Sie sind ganz weiß gekleidet, aber
ihre Strümpfe, ihre liederlichen Unterho=
sen, ihr Hemd, das ihre ganze Kleidung
ausmacht, sind sehr unzüchtig angelegt,
und zugleich sehr schmutzig.

Den

Den γογορθελος, eine Art großer Eidexen, die Tournefort beschrieben hat, findet man besonders häufig auf dieser Insel *).

4) Be-

*) Diese ganze Beschreibung, die der Herr Verfasser von dieser Insel giebt, findet man eben so beym Spon, daher sie auch vielleicht ihren Ursprung haben mag. Ich will hier nur noch einiges hinzusetzen, das der Herr Verfasser ausgelassen hat, aber doch eigentlich hieher gehört. — Die Insel ist sehr klein, und ihr ganzer Umkreis beträgt etwa dreyßig Meilen. Sie hat keine Vestung, daher sie von keinem Türken, aus Furcht in Sklaverey zu gerathen, bewohnt wird. Die Einwohner der Insel müssen aber jährlich dem Großtürken drey tausend sechs hundert Piaster Karatsch geben. Die Insel ist schlecht bewohnt, und man findet ein Drittel mehr Frauenspersonen als Männer, weil diese auf Räubereyen ausgehen, und selten wieder zu kommen pflegen. Zu einer genauern Berichtigung der Bemerkungen des Herrn Verfassers über die Kleidung der Frauenspersonen, füge ich hier die eigene Worte des Herrn Spons hinzu; „Die Tracht der Frauenspersonen ist von andern Moden ganz verschieden. Der Rumpf des Kleides ist von rothen oder braunen Sareut, die Ermeln sind von Zeug, und haben mehr

als

4) Beschreibung von Tine *).

Auf der Insel Tine mußte ich den Fleiß ihrer Bewohner bewundern. Vier und sechzig Dörfer, die auf einem Felsen mitten im Meer angelegt sind, wissen sich auf demselben zu ernähren, und sogar durch Indüstrie und Handel zu bereichern. Männer und Weibspersonen werden häufig in Constantinopel, Smyrna und andern Orten der Levante Dienstboten. Viele treiben einen kleinen Handel nach Ancona und Smyrna; andre ernähren sich durch Vermiethen ihrer Schiffe oder Caiquen. Keine Hand auf der Insel ist müßig. Ohngeachtet der Unfruchtbarkeit des Bodens bringt er doch vortreflichen Wein von mehr als zwanzig verschiednen Arten hervor, unter denen der Malvesier der beste ist; auch wird viele Seide gewonnen. Die Weinlese im Jahr 1768 war ungemein gut ausgefallen, und die ganze Insel war deßwegen voller Freude.

Ich

als eine Elle in die Breite. Der gefaltete Rock geht nicht weit über die Kniee, so daß man das Hemd sehen kann.„ — Anm. d. Ueberf.

*) Diese Insel liegt ohngefähr vier bis fünf Meilen von Myconus. Der Ueberf.

Ich erblickte auf dieser Insel noch den
alten Geist der Zwietracht, der die griechischen Republiken zerstörte. Die Einwohner der Dorfschaften hatten zwey der
angesehensten Männer aus der Burg St.
Nicolaus *) getödtet, weil sie ihnen
Schuld gaben, sie hätten es mit den
Türken gehalten, und dahin gearbeitet,
daß ein türkischer Aga sich beständig auf
der Insel aufhielte; da doch die ganze
Insel eine gewisse Summe an die Pforte
bezahlt hätte, um von diesem unangeneh-
men Aufenthalte und von der Abgabe des
fünften Theils der Seide befreyt zu seyn.
Man gab nemlich dem Capoutan-Pascha
drey und einen halben Piaster Karatsch für
jeden Kopf, um das ganze übrige Jahr in
Ruhe zu leben. Der Aga selbst war
bey diesem Aufstande des Volks in Gefahr. Er wurde gezwungen, sich zu erklären, daß er, sobald seine Foderungen
erfüllt wären, die Insel verlassen wollte,
und — welches noch mehr zu bewundern
ist — er hielt, was er versprochen hatte.

Ich

*) Ist ein Ort, wo die Schiffer Anker wer-
fen. Anm. d. Uebers.

D

Ich mußte zu Tine eine Quarantaine
von vier Tagen halten. Als ich aber dem
Aga zwölf Pfund Caffee geschenkt hatte,
erhielt ich freyen Eingang. Ich fand an
diesem Aga einen sehr feinen Mann; er
war von der Insel Candia gebürtig, verstand etwas italiänisch und redte viel mit
mir. Er sagte mir unter andern, daß er
sich vor der Pest mehr fürchtete, als nur
irgend ein Franke sich fürchten könnte;
und er machte die Dummheit seiner Landsleute sehr lächerlich, die so gefällig wären
zu sterben, damit sie nur nicht das unver-
änderliche Schicksal beleidigten.

Auf dem Platze des heiligen Nicolaus
findet man auf einem Stück weißen Marmor folgende Inschrift:

ΑΤΤΟΚΡΑΤΟΡΑ ΚΑΙΣΑΡΑ
ΘΕΟΤ ΑΔΡΙΑΝΟΤ ΤΙΟΝ
ΘΕΟΤ ΤΡΑΙΛΝΟΤ ΠΑΡΘΤ-
ΚΟΤ ΤΙΟΝΟΝ ΘΕΟΤ
ΝΕΡΟΤ ΕΚΙΟ — ΝΟΝΤΙΤΟΝ
ΑΙΛΙΟΝ ΑDΡΙΑΝΟΝ
ΑΝΤΟΝΙΝΟΝ ΣΕΒΑΣΤΟΝ
ΕΤΣΕΒΙΙ ΘΑΡΧΕΙΙ ΕΤΣΤΟ
ΔΕΤΤΕΡΟΝ ΣΑΤΤΡΟΣ ΗΦΑΙ-
ΣΤΙΟΝΟΣ ΤΟΣΤΟΝΙ ΔΙΟΝ
ΕΤΕΡΓΕΤΗΝ.

Ju

In den Mauern einiger Häuſer findet
man noch einige erhabene Arbeit, die aber
ſehr beſchädigt iſt, und ein kleines Gefäß
von weißem Marmor, das ſich ſehr gut
erhalten hat.   In einem Garten außer der
Stadt, ſah' ich einige ſchlechte Basreliefs,
und auf einem kleinen Stück Marmor fand
ich die Worte: ΙΛΑΡΟϹΙΛΑΡΟΤΚΑΤ
ΝΕΙΚΟΤΟΤΕΙΟ.   In dem Garten
des Venetianiſchen Conſuls ſah ich einen
Torſo von einer Statüe eines Kriegers,
der ſehr ſchön war.   Auf ſeinem Helm
ſieht man zwey Figuren der Pallas, die
ihre Schilde auf eine ſehr gute Art in der
Hand tragen.   In einem andern Hauſe
ſah ich auf einem Stück Marmor folgende
Charactere: ΕΙΕΝΑΤΙΑ ΠΕΙΕΝ —
ΤΟΕΑΤΗϹΑΙΚΑΤ — ΓΑΤΚΩ —
Ι — ΧΗΕΤ — ΧΑΙΡΕ.

Ich beſtieg auch ein altes Schloß, das
noch von den Venetianern erbauet, von den
Türken aber beynahe ganz zerſtört iſt. Es
liegt auf der erhabenſten Anhöhe der Inſel,
von welcher man ganz Tine und beynahe alle cycladiſchen Inſeln überſehn kann.

Es giebt ſehr ſchöne Marmorbrüche
auf der Inſel, die durchaus ein Felſen iſt.

Man

Man findet auch überall große Bimsſteine,
Stücken Lava, und die zackigten Spitzen
der Berge ſind genug Beweiſes, daß die
Inſel aus einem feuerſpeyenden Berge entſtanden iſt. Der Nordwind, der in der
ganzen Levante unangenehm iſt und faſt
beſtändig weht, iſt auf Tine faſt unerträglich. Er war im Junius ſo heftig,
daß er mich zur Erde niederriß, als ich
auf dem Berge des alten Schloſſes war:
Hätte mein Führer mich nicht gehalten,
ſo würde dieſer ungeſtüme Wind mich in
einen ſchrecklichen Abgrund geſchleudert haben. Die alten Griechen geben alſo nicht
ohne Urſache dem Aeolus auf dieſer Inſel
ſeine Höle. Die Einwohner von Tine
ſind die allerfeinſten und verſchlagenſten
unter allen Griechen, die auf den Inſeln
wohnen. Sie ſind ſtark, männlich und
werden ſehr alt. Eine Folge des reinen
Clima's, der feinen Luft, und der natürlichen Mäßigkeit der Menſchen. Die
Weiber ſind ſehr artig; aber jene erhabene
Schönheit, die man auf den Basreliefs
der Alten bewundert, fand' ich nicht.
Sie haben ſchöne Augen, eine blendende
Farbe, und ſchöne Haare, aber der

Profil

Profil ihres Geſichts iſt nicht ſchön, und ihre
Naſe gemeiniglich ſtumpf. Es ſcheint,
daß die Venetianer und Türken das ſchöne
griechiſche Blut in ganz Griechenland verdorben haben; dagegen die Türken die
griechiſche Treuloſigkeit und Fälſchheit angenommen haben, welches man noch itzt
bey den Griechen findet; und es iſt bewundernswürdig, daß das Clima weit mehr
auf die Phyſionomie der Seele, den Cha-
rakter, wirkt, als auf die Phyſionomie
des Körpers. Die weibliche Kleidung
verdient gelobt zu werden; ſie iſt ſehr an-
ſtändig und hat ſogar etwas Edles. Ihr
Kopfputz von brauner Seide kleidet ſehr gut,
und giebt ihnen ungemein viel Grazie.

Nichts reizte mich mehr zur Bewunderung, als die Urbanität und natürliche
Freyheit der Landleute von Tine. Man
hält ſie für die verſchlagenſten aller griechiſchen Inſulaner. Und in der That der
Anblick dieſer feinen, handelnden, alle
Sprachen redenden Griechen erinnerte mich
an die Landleute in den Bergen von Neuf-
ſchatel, von Locle und von Chaudafond.
Die Griechen haben mehr natürliches Talent, aber weit weniger Cultur, als die

D 3　　　　　Schwei-

Schweitzer. Besonders bewundert' ich an ihnen das glückliche und vortheilhafte Phlegma, welches gute Gelegenheiten ab= warten kann. Es ist nicht holländische Indolenz. Denn es kann sich, wenn's nöthig ist, in die größte Thätigkeit umwer= sen; aber sehr oft bezwingt es mit Vortheil dasjenige, was die französische Lebhaftig= keit in einem Augenblick umwirft.

Diese Landleute haben ferner eine natür= liche Beredtsamkeit, die mich gleichfalls in Erstaunen setzte. Besonders können die Weiber die anmuthigsten Dinge mit ei= ner ganz bezaubernden Stimme schwatzen.

5) Beschreibung von Delos*).

Sacra mari colitur media gratissima tellus,
Nereidum matri et Neptuno Aegaeo:
Quam pius Arcitenens oras et littora
circum
Errantem, Mycone celsa Gyaroque reuin=
xit.
Virgil. Aeneid. Lib. III.

Dieser

---

*) Der Name Delos soll von δηλοεῖν herkommen, weil diese Insul in der Sündfluth des Ogy= ges zuerst von allen andern Insuln wieder hervorgekommen sey. Ein andrer Name der=

Dieſer kleine ſpitzige Felſen, der mitten
unter den Cykladen liegt, ehmals Delos,
itzt Deli genannt, war den Alten der Gegenſtand einer ungemeinen Verehrung.
Apollo hatte hier einen prächtigen Tempel,
in welchem der Fanatismus und der Aberglaube ungeheure Reichthümer geſammlet
hatten. Die Prieſter und andre Einwohner
trieben ſogar mit dieſer Verehrung ihrer
Inſel einen großen Handel. Der furcht-
ſame Schiffer wagte niemals durch das
ägäiſche Meer zu ſeegeln, ohne ſich den
mächtigen Gott durch Geſchenke zu verſöh-
nen; und die Prieſter empfiengen für die
Verſicherung einer glücklichen Schiffarth
die Geſchenke des leichtgläubigen Volks.
S. Pauſ. Lib. I. c. 31. *). Er erzählt

D 4   hier

derſelben iſt auch Ortygia, weil hier die erſten Wachteln geſehen worden, die man
aber itzt gar nicht mehr auf der Inſel findet. Die itzige Beſchaffenheit der Inſel
geht überhaupt von der Beſchreibung ſehr
ab. Herodot erzählt: es wären hier ſehr
viel Palmbäume, die man doch itzt gar
nicht mehr findet. Anm. d. Ueberſ.

*) Dieſe ſonderbare Art beſtand darin, daß
die Hyperborder —— (unentſcheiden was
dieſe für ein Volk ſind? Man ſehe von
denſel-

hier die sonderbare Art, wie die Hyperboräer die Erstlinge ihrer Früchte dem Apollo von Delos zukommen liessen; und im dritten Buch, im drey und zwanzigsten Capitel beschreibt er die Gottlosigkeit des Menophanes, General des Mithridates, Königs von Pontus, der eben nicht nach dem Ruhm der Andacht strebte, und den reichen Tempel des Apollo zu Delos beraubte und zerstörte. Pausanias setzt dieser Erzählung die fromme Reflexion hinzu, daß diese Gottlosigkeit vermuthlich die Ursacke von dem nachherigen Unglück des Mithridates gewesen sey. Callimachus, dieser unerbittliche Lobsänger, hat auch einen abscheulich langen und annüyanten Hymnus zur Ehre von Delos hinterlassen, ohne irgend Etwas von dem zu beschreiben, was

derselben Fischers Abhandlung in den Quaest. Petrop. und des Herrn M. Penzels sehr gelehrte Gegenschrift) —— ihre Gaben an den Appollo durch sehr viele Mittelspersonen brachten. Sie gaben sie nemlich an die Arimasper: diese an die Issedoner: von diesen empfiengen sie die Scythen und gaben sie an Sinope wieder ab. Hier holten sie die Griechen, und die Athenienser brachten sie nach Delos.

was diese Insel Schönes und Merkwürdiges enthält. Man findet in dem Gedichte fast keine einzige Anecdote von Delos, außer etwa, von der großen Galeere,
die hier gebauet war, welche man aber
mit der des Dionysius zu Syracus, und
mit denen des Demetrius Poliorcetes und
des Demetrius Philopators an Größe
nicht vergleichen kann.

Ich wurde bey meiner Ankunft auf dieser berühmten Insel vornemlich durch die
Menge Trümmern alter Säulen und anderer Stücke der Architectur, die man hier
findet, in Erstaunen gesetzt. Ich bemerkte also bald den Ort, welchen Tournefort mit Recht für einen Platz hielt,
der zu Seegefechten bestimmt war, weil
die Grotten, die man hier findet, alle in
diesen Platz abfallen, und vermuthlich die
Canäle waren, durch die man das Wasser hereinleitete. Der Brunnen des Ino-
pus ist itzt nichts weiter, als eine Höle
mit unreinem Wasser, in die man auf vielen Marmorstuffen herabsteigt. Der Tempel des Apollo war vermuthlich von dorischer Bauart. Dieß läßt sich aus der
Menge von Trümmern schließen, die alle

D 5   von

von Statúen dorischer Ordnung sind, welche man in den Ruinen des Tempels findet. Man findet auch sogar noch ganze
dorische Säulen. Diese Vermuthung stimmt
auch noch überdem sehr gut mit der Zeit
überein, da der Tempel des Apollo wieder
gebauet wurde. Unter den Ruinen des
Tempels der Latana auf dem Vorgebürge
findet man zwey Basen von Staúen, und
auf einer derselben, die ganz rund ist,
eine Innschrift, die aber, durch die
Zeit ganz unleserlich geworden ist. In
den Trümmern eines großen Gebäudes
sieht man auf einem viereckigten Steine folgende schöne Innschrift:

ΤΟ ΚΕΙΝΟΝ ΤΩΝ ΠΕΡΙ ΤΟ
ΔΤΟΝΤΣΟΝ ΤΕΙΤΝΤΤΟΝ ΚΑΙ
ΕΛΛΗΣΠΟΝΤΟΤ ΚΑΙ ΤΟΝ ΠΕΡΙ
ΤΟΝ ΚΑΙ ΘΗΜΕ— ΚΡΑ— ΤΩΝΑΙΩ-
ΤΙΧΟΧΟΤ ΕΤΕΡΓΕΤΗΝ ΑΡΕΤΗΣ
ΕΝΕΡ — ΗΝΕΧΩΝ ΔΙΑΤΕΛΕΙΣ
ΤΟ ΚΟΙΝΟΝ ΤΩΝ ΠΕΡΙ ΤΟΝ
ΔΙΟΝΤ -

Es sind noch sechs und dreyßig Zeilen
übrig, aber sie sind in so kleinen Characteren geschrieben, daß man sie gar nicht lesen

lesen kann. Der Berg Cyethus *) liegt
den Ruinen des Tempels des Apollo zur
Seite. Er scheint auch ein feuerspeyender Berg gewesen zu seyn: denn sowohl seine
Form als die Steine, aus denen er besteht, beweisen es.

Es ist fast unbeschreiblich, wieviel
Säulen man hier findet. Nahe bey diesem Berge ist in eine Grotte, mit Oefnun-
gen, um das Licht einzulassen, wie der
geheime Gang, den man noch itzt in der
Stadt des Adrians, nahe bey Tivoli,
sieht. Diese Grotte erhielt das Wasser
durch einen Canal, und man bringt es
durch einen Schöpfbrunnen zum Gebrauch
des Tempels herauf. Dieß war vermuthlich ein Bad. Denn man sieht um diesen
Brunnen verschiedne kleine Säulen von

Mar-

---

*) Cyethus war ein kleiner Berg, der dem
Apollo und der Diana geheiligt war. Dieser Berg bestand beynah ganz aus einem
Marmorbruche, von dem man in Rom
vielen Gebrauch machte, und der dem
Egyptischen Marmor ziemlich nahe kommt.
Uebrigens findet man so wohl beym Tournefort als auch bey Spon und Wheler nicht
die geringste Meldung von einem feuerspeyenden Berge. D. Ueberst.

Marmor. Ich habe noch den Säulenfuß,
von dem Tournefort redt, mit der Innschrift: ΝΑΞΙΟΙ ΑΠΟΛΛΙΝΙ gefunden. Aber dieser Fuß gehörte wohl nicht
zu der Statüe des Apollo von Delos.
Denn Menophanes ließ sie ins Meer werfen, und die Böotier fanden sie wieder,
und brachten sie nach Epidelium. Ich
sah auch noch eine schöne Innschrift von
acht Zeilen in der Mauer des Tempels
des Apollo auf einem viereckigten Steine,
aber ich konnte von derselben nichts weiter dechiffriren, als die Worte: ΕΡΟΙ
ΠΟΛΥΚΛΕΤΟΥ — Vielleicht war es
die Statüe des Polyklets. Unter diesen
acht Zeilen findet man noch folgende
kleine Charactere: ΑΙΣΣΙΟΧΙ ΜΗΡΩ-
ΝΟΣ ΑΘΗΝΑΙΟΣ — Ε — vermuthlich
ΕΠΟΙΗΣΕ oder ΕΠΟΙΕΙ. Es ist mir
unmöglich gewesen, die Ovalsäulen auf-
zufinden, die Tournefort beschrieben hat,
ob ich gleich alle Ordnungen der Baukunst in Säulen von dem schönsten parischen Marmor, dorische, ionische und
corinthische gesehen habe. Die Schönheit
eines Capitals von ionischer Ordnung fiel
mir besonders angenehm auf. Die
Schnecken

Schnecken machten mit der Linie, die sie
zusammen verbindet, die angenehmste
Form von der Welt aus. Meine Ungeschicklichkeit war mir sehr verdrießlich, da
ich dieß schöne Stück nicht genau genug
abzeichnen konnte. Das Theater war von
Marmor; man sieht noch die Einfassung
desselben. Die Stuffen und der Schauplatz
sind ganz zerstört, und man sieht nur noch
einige Grotten mit einem Abfluß, um die
Unreinigkeiten aufzunehmen und wegzufüh-
ren. Ich habe aber gar keine Spur mehr
finden können von dem Porticus des Phi-
lippus, von dem Hippodromus, und von
dem Torso einer Statüe des Apollo, die
Tournefort beschreibt. Es ist möglich,
daß nach ihm Alles dieses zerstört, und
der Torso der Statüe weggebracht ist.
Denn von dieser wüsten Insel, wo kein
Mensch ist, als einige Ziegen- und Schaaf-
hirten, die von Mycone herüberkommen,
kann man ohne Schwierigkeit Alles, was
man will, wegbringen. Diese Hirten
verkrochen sich bey meiner Ankunft, und
ich konnte sie mit Mühe kaum überzeugen,
daß ich kein maltesischer Corsare wäre.
Die ganze Insel ist mit zerbrochnen
Stücken

Stücken von Armen, Beinen und Gefäſſen
von Marmor überdeckt. Die Säulen von
dem Apolliſchen Tempel haben vier und eine
halbe neopolitaniſche Palme im Umfange
ihres Diameters. Es ſcheint, daß er eine
runde Figur hatte, ſo wie auch der Tempel der Latona auf dem nördlichen Vorgebürge der Inſel.

Delos gegenüber iſt das große Delos,
welches ehmals Rhenea hieß. Ich habe
hier nichts gefunden, als alte Altäre und
Grabmäler, ohne Innſchriften.

6) Beſchreibung von Naxia.

Linquimus Ortygiae portus, pelagoque
volamus.
Bacchatamque iugis Naxon, viridemque
Donyſam,
Oliaron, niueamque Paron, ſparſaſque per
aequor
Cycladas, et crebris legimus freta conſita
terris.
Virgil. Aeneid. L. III.

Ich kam nun auf die Inſel Naxia,
welche ehmals dem Bacchus geheiligt war.
Auf einem kleinen Felſen, der Inſel gegenüber,

über, sieht man noch die Hauptthüre von
dem Tempel des Bacchus; alles Uebrige
aber ist zerstört. Diese Thüre ist nach dorischer Ordnung gebauet, und besteht aus
drey Stücken, weißen Marmor, zwey
Pfeilern und einem Gesimse über der Thür.
Jeder Pfeiler hat vier und eine halbe neapolitanische Palme in der Breite. Der Eingang in den Tempel war sehr enge, und
kaum für eine Person zureichend, ob gleich
die Hauptthüre zehn Palmen breit war.
Dieß machen zwey große Stücken Marmor, und die Pfeiler an beyden Seiten,
welche nur einen Raum von zwey Palmen
breit zum Eingange lassen. Ich habe
dieß in keinem alten Tempel bemerkt, und
die Ursache davon ist mir unbegreiflich.
Der Tempel kann nicht sehr groß gewesen
seyn, denn der Felsen, auf dem er gebauet
war, ist sehr klein. Eine große Treppe
führte von der Nordseite des Tempels nach
dem Meere, und der Felsen war durch
einen Damm mit der Insel Naxia
verbunden. Man findet noch Spuren
dieses Dammes, und auch von verschiednen Bädern, und von einem Wasserbe-
hälter.

Die

Die Stadt Naxia ist sehr reich an schönen Ueberbleibseln des Alterthums, aber dabey sehr häslich. Man sieht daselbst noch
einige dorische Capitäler, und den alten
Platz von Steinen, die durch mosai-
sche Arbeit zusammengesetzt waren; auch
noch einen alten Canal, der mit der Erde
gleich ist.

Ich bestieg auch den Berg des Jupiters oder des Zeus, wie die Landleute reden. Er liegt drey Meilen von der Stadt.
Man gebraucht eine ganze Stunde, um
ihn auf einem sehr hohlen Wege hinan-
zusteigen, den man zum Theil nur zu Fuß
machen kann. Ich wurde auf dieser Höhe
von den angenehmen Gefilden, den anmuthigen und abwechselnden Aussichten der
Insel ganz entzückt. Das Geißblatt, die
Lorbeerrose wachsen hier in Menge. Die
Luft ist mit den balsamischen Gerüchen
des Thymians, Rosmarins und andrer
Kräuter beladen. Hier wurde mein Einbildungskraft zum erstenmale in die reizenden Gegenden Siciliens zurück gerufen.
Von der Höhe des Berges kann man die
ganze Insel übersehn, die unter allen
Cycladen die größte und sowohl wegen
ihrer

ihrer dreyeckigten Figur als wegen ihrer
angenehmen Gegenden Sicilien ähnlich iſt.
Die Alten haben ihr daher mit Recht ſol-
che Namen beygelegt, die auch Sicilien
hat z. E. Naxos, Stromgylia. Wenn
heitres Wetter iſt, kann man den ganzen
Archipel von dieſem hohen Berge überſehn. Ich ſahe im Herabſteigen auf einem
großen Steine die Innſchrift, welche ſchon
Tournefort angeführt hat: ΟΡΟΣ
ΔΙΟΣ ΜΗΛΟΣΙΟΤ. Die Innſchrift
des Nointel auf der Spitze des Berges iſt
ganz verloſcht. Glücklicherweiſe verliehrt
die Nachkömmenſchaft allenfalls nichts dabey, wenn ſie auch nicht weiß, daß ein
franzöſiſcher Geſandter hier geweſen iſt.
Im Heruntergehn vom Berge fand ich eine
Höle mit Tartariſationen, die eben ſo
ſchön waren, als die zu Antiparos; auch
der Eingang war nicht weniger ſchwer
und gefährlich. Es iſt ſehr zu bedauern,
daß dieſe Inſel, eine der ſchönſten und
größten des Archipels, ſo ſehr unbewohnt
iſt. Sie bringt ſehr guten Wein, auch
Seide hervor, und hat viele Weide.
Die Zahl ihrer Einwohner beträgt aber
nicht über fünf tauſend. Es haben ſich

E   hier

hier verschiedne fremde Familien festgesetzt. Die Modene, die Vigoureuse, kommen von den Maltheserrittern her, die auf ihren Fahrten hier landeten und sich hier festsetzten. Die Condilli behaupten, daß sie von altem griechischen Adel herstammen; die Somma Ripa von Venetianischen Edlen. Sie sind aber nur Bastarde. Der Graf von Rumpf, der von einer sehr guten deutschen Familie herstammt, hat eine Modene geheyrathet, und also noch eine adliche Familie mehr auf der Insel gestiftet.

Alle diese angeblichen Edlen sind so stolz auf ihren Adel, daß sie lieber sterben, als handeln oder sonst irgend Etwas thun würden.

Die weibliche Kleidung ist höchst lächerlich *). Das Frauenzimmer sieht hier wie eine geputzte Gans aus. Sie sind aber außerdem recht artig; nicht so grausam, nicht so fein, nicht so eigennützig, wie die Schönen von Tine. Dieser ihre Ehrlichkeit ist durch den allgemeinen Handel

*) Dies geht hauptsächlich auf das griechische Frauenzimmer; denn viele Weiber der Römisch Catholischen richten sich nach der Mode der Venetianerinnen. Der Uebers.

del verdorben, der auf der Insel herrscht,
und auch dadurch, daß sie in den großen
Städten der Levante gelebt haben.

Man findet auf diesem elenden kleinen
Flecken Land einen *) Erzbischof mit seinen
Canonicis, Capucinern, Barfüßern, ein
Nonnenkloster und — das Beste von Allem — Jesuiten **). Wahrhaftig genug,
um eine so kleine Insel bettelarm zu machen; besonders wenn man nun noch die
vielen griechischen Klöster hinzu denkt!

Die Einwohner haben Verstand. Die
Schäfer, besonders die auf dem Berge
des Jupiters, sind fürtrefliche Schleude-
rer; sie können auf fünfhundert Schritte
weit mit einer erstaunenden Genauigkeit
Steine werfen, und verfehlen niemals
ihren Mann. Ihre Schleudern sind von

E 2　　　　Leder,

*) Tournefort redt von einem griechischen
und römischen, folglich von zween Erzbi-
schöfen. Letztern ernennt der Pabst selbst. --
Das Capitel besteht aus sechs Canonicis,
einem Dechanten, einem Cantor, einem
Präpositus und einem Rentmeister, außer
den Ordensgeistlichen, welche die übrige
Clerisey ausmachen. Der Uebers.

**) Alle diese Brüderschaften befinden sich hier
unter französischem Schutz.

Leder, und an zwey Peitschen angeheftet,
womit sie den Stein fortschlagen. Die
kleinsten Kinder tragen schon dergleichen
Schleudern an ihren Gürteln. Auf dem
Felde sah ich ein sehr großes Stück von
weissem Marmor, das vermuthlich zu einer colossalischen Statüe gehört hatte. Es
hatte dreyßig Palmen in der Länge und
fünf in der Breite. Die Männer tragen
große Strohhüte, die an dem Nacken befestigt sind; man sieht eine solche Figur
auch auf dem schönem Basrelief des Car-
dinals Alexander Albani in seinem Land-
hause, welches den Amphion und Zethus
vorstellt. Es scheint, daß dieser Gebrauch sich von der Zeit an, noch immer
erhalten hat.

7) Beschreibung von Paros und Antiparos.

Von Naxia kam ich nach Paros.
Der erste Flecken der Insel heißt Parchia.
Es ist ein sehr kleiner Ort, wo man sehr
viel Cattunarbeiten, Mützen, Strümpfe
u. s. w. verfertigt. Dieß ist die einzige
Industrie der Einwohner dieser Insel, die
nichts hervorbringt, als schlechten Wein
und

und Gerste. Man ißt hier daher auch nur
Gerstenbrod. Ich sah hier auch eine
griechische Kirche, die sehr groß ist, und
noch aus den Zeiten des spätern Kaiserthums herrührt, und also in sehr schlechtem Geschmack gebauet ist. Man findet
aber noch darinn sehr schöne antike Säulen
von Porta-Santa und eine Menge Bruchstücke von Marmor. Es sind sogar einige
Basreliefs von Marmor in den Häusern
des Orts mit eingebauet. Ich bemerkte
unter andern eines, welches eine niederge-
kommene Frau und ihr Kind vorstellte,
das ihr Früchte darreicht, mit einer ganz
unleserlichen Innschrift; auch einen Me-
dusenkopf, ein mittelmäßiges Stück;
zwey heroische Statüen im barbarischen
oder gothischen Styl; auch ein Stück
Marmor, welches in einem Gebäude statt
eines Ziegelsteines gedient hatte, mit einem
großen und zwey kleinen Löwenköpfen,
die dem Dache zu Pfeilern gedient hatten.
Auf einer kleinen Anhöhe des Fleckens ist
auch noch ein zerstörtes Schloß, das ganz
aus den schönsten Marmorstücken und antiken Säulen gebauet war. Man konnte
mir auf der Insel die Zeit der Erbauung

dieses

dieses Schlosses nicht sagen; aber es ist
sehr merklich zu sehn, daß die Hände, die
es gebauet hatten, eben so barbarisch
waren, als die Hände der Türken, die es
zerstörten. Denn man hatte bey diesem
Baue die schönsten Torsos von Marmorsäulen und die vortreflichsten Basreliefs
als bloße Steine gebraucht. Alle diese
vortreflichen Ueberbleisel müssen aber gewiß
Stücke eines ausnehmend schönen Tempels
gewesen seyn. Die schönen Capitäler,
welche eben die Proportion hatten, wie
die zu Delos, und die Friese, die mit
außerordentlicher Kunst gearbeitet ist,
beweisen, daß dieser Tempel von ionischer
Ordnung war. Alle diese Schönheiten
aber sind unbarmherziger Weise in dem elenden Schloße eingemauert. Man sieht noch
itzt die ganze Einfassung der Hauptthüre.
Sie muß acht bis zehn Palmen breit gewesen seyn. Auch findet man noch einen
großen Löwenkopf von Marmor, der sehr
gut gearbeitet ist, und vermuthlich im
Tempel zum Pfeiler diente. Auf einem
großen eingemauerten Steine des Schlosses, der vermuthlich über der Thüre des
Tempels sich befand, (denn er ist sehr
groß

groß und vom schönsten Marmor), lieſt
man noch folgende Innſchrift, in großen
Buchſtaben — ΛΗΡΩΣΑΣ ΑΝΕ-
ΘΗΚΕΝ ΑΡΧΩΝΤΟΣ ΜΕΝ —
Ich fand auch noch einen viereckigten Altar,
der im Schloße eingemauert war; drey
Seiten deſſelben konnte man ſehn, die
vierte aber iſt in der Mauer. An der einen findet man einen Meduſenkopf, an
der andern einen Tyger, an der dritten
einen Ochſenkopf mit der Opferbinde.
Alles iſt ungemein gut gearbeitet. Ich
weiß nicht, ob man meine Vermuthung
nicht für zu kühn halten wird, daß dieſer
Tempel dem Cupido gewidmet geweſen ſey.
Pauſanias (B. IX c. 27.) meldet wenigſtens, daß die Einwohner von Paros vor-
züglich den Gott der Liebe verehrten.

An dem Abend vor St. Johannisfeſte
(alten Styls) ſah ich zu Paros noch eine ſehr merkwürdige Ceremonie, die mich
an die alten Myſterien der eleuſiniſchen
Ceres erinnerte. Alle Mädchen dieſer
Inſel gehn an dieſem Abende einige Stunden nach Sonnenuntergange vor die Stadt
heraus, um aus einem Brunnen Waſſer
zu ſchöpfen, welches ſie mit vieler Sorg-

E 4   falt

falt mit sich nach Hause tragen. Sie
setzen alsdenn Blumen darein, die sie den
folgenden Morgen wieder herausnehmen,
um sich daraus zu prophezeyen, ob sie
in diesem Jahre werden verheyrathet werden, oder nicht? Sie gehn ganz allein
heraus ohne Mannspersonen und auch
ohne ihre Mutter, und man versicherte
mich, daß sie auf dem ganzen Wege sich
nicht unterstünden zu reden. Ich folgte
ihnen heimlich nach, um sie zu beobachten,
und ich wurde überzeugt, daß eine solche
Menge von Mädchen nicht so lange Zeit
schweigen könne. Ich sah bey dieser Gelegenheit die schönste Person, die mir auf
meiner ganzen Reise begegnet ist, und die
einzige, die man eine wirklich griechische
Schönheit nennen konnte. Sie war von
Tine, und lebte zu Paros bey ihren Verwandten. Die Frauenzimmer zu Paros
werden für die besten Tänzerinnen auf allen Inseln gehalten, und sie tanzen in der
That den Romeca, einen sehr edlen griechischen Tanz, ungemein schön. Ich werde
noch Gelegenheit haben, von diesem Tanze zu reden. Das Frauenzimmer zu Paros ist übrigens sehr frey, so wie die

Manns-

Mannspersonen arm und elend sind; und
diese Insel ist daher das Cythere der malthesischen Seefahrer.

Ich besah' auch noch die alten Brüche
des berühmten und fürtreflichen parischen
Marmors, in welchem uns die alten Griechen so unnachahmliche Meisterstücke der
Bildhauerkunst hinterlassen haben, die wir
in Rom bewundern. Sie liegen andert-
halb Meile von Parchia. Ich wunderte
mich sehr, daß ich sie beynahe ganz zerstört fand, weil ich geglaubt hatte, daß
man hier noch itzt Marmor bräche. Aber
die Türken ziehn den von Tine vor, weil
er viel weisser ist; ob er gleich ein gröber
Korn hat, wie der von Massa Carrara.
Man sieht hier noch einige ionische Capitäler, die halb in den Felsen eingehauen
sind; die Alten hatten nämlich die Gewohnheit, ganz vollendete Stücken ihrer
Baukunst in die Brüche selbst hineinzu-
hauen, wie man auch in den Brüchen des
alten Selinunte in Sicilen sieht. Beym
Eingang dieses Bruchs, der wegen der
Steine und der von oben hereingefallnen
Erde sehr enge ist, sieht man noch das
Basrelief, das Tournefort beschreibt.

E 5

Es ist ein Bacchanal mit Satyrsfigu-
ren, Weintrauben u. s. w. Man lieset
noch daran die Innschrift: ΑΔΑΜΑΣ
ΟΔΡΗΣΗΣ ΝΗΜΦΑΙΣ.

Antiparos, welches bey den Alten
Oliaros hieß, ist nur ein schlechter kleiner Felsen, Paros gegenüber, der nichts
wie Gersten und schlechten Wein hervorbringt. Es ist nur ein schlechtes Dorf
hier, dessen Papas oder griechischer Priester den Fremden die Grotte zeigt, welche
Tournefort so gerühmt, und Nointel
gar geheiligt hat. Ich stieg mit eben
der halsbrechenden Gefahr herunter, der
sich hier alle Neugierigen unterwerfen müssen, und wurde für meine Mühe gar nicht
schadlos gehalten. Denn ich sahe hier
nichts, als eben die Tartarisationen, die
ich schon bey Naxia mit weniger Gefahr
und Mühe gesehn hatte. Und was die
Bäume, die Früchte und andre schöne
Sachen betrift, die man hierinn sehn will;
so war meine Einbildungskraft nicht er-
hitzt genug, um sie bemerken zu können.
Diese vorgegebnen unterirdischen Schönheiten sind überdem auch nicht selten; die
bekannte

bekannte Baumannshöle auf dem Harze
enthält auch dergleichen.

8) Beschreibung von Syra und von Thermia.

Die Insel Syra ist ganz mit Römischcatholischen bewohnt. Sie bringt sehr guten Wein hervor, aber sie ist nicht so bebauet
und bevölkert, als sie wohl seyn könnte.
Ich sahe das Basrelief, welches Tournefort anzeigt, an der Seite des bischöf-
lichen Gebäudes. Es stellt einen egyptischen Sistre (ein musicalisches Instrument der egyptischen Priester) vor. Der
Marmor dieses Stücks ist griechisch und
die Arbeit auch sehr gut. Man muß daher annehmen, daß die Verehrung der
Isis auch auf dieser Insel geherrscht habe;
welches desto eher möglich und selbst
wahrscheinlich ist, da diese Verehruug sich
in ganz Griechenland und sogar unter den
Römern ausgebreitet hatte, besonders zur
Zeit des Adrians. Man findet auch noch
eine griechische Innschrift über den Brunnen von Syra, die ganz unleserlich ist.
Der alte Name dieser Insel ist Syros.
An der westlichen Spitze der Insel findet man
einige

einige Ruinen von Ziegelſteinen, von zerbrochnen Marmorſäulen, und ein kleines
Basrelief, welches eine Frau mit einem
Kinde vorſtellt, die ihm Früchte reicht,
und dem ähnlich iſt, das ich zu Paros
ſahe. Ich habe hier auch noch minerali-
ſche Steine und ſichtbare Spuren eines
feuerſpeyenden Berges bemerkt.

Die Inſel Thermia, welche ehmals
Cythous hieß, iſt gleichfalls klein, und
hat nur zwey Dörfer. Ich fand hier an
dem Ufer des Meers die ſchönſten Stücke
Lava, welche mit Schwefel eingedrückt
waren, und Behältniſſe ſehr ſchöner und
reicher Steine, die man auch auf dem Ve-
ſuv findet. Dieſe Inſel hat warme und
heilſame Bäder, und vermuthlich wurde
ſie von den Römern um ihrentwillen be-
ſucht *). Denn man ſieht hier noch ver-
ſchiedne römiſche Denkmale, unter andern ein Capital von weiſſem Marmor
von vermiſchter Ordnung, und beträchtli-
cher Größe.

Was

*) Auch der Name der Inſel kommt von den
vielen warmen Bädern her. — Die Inſel iſt
übrigens gut bebauet, und bringt Gerſten,
Wein, Feigen und Seide hervor, womit
die Einwohner Handel treiben. D. Ueberſ.

Was mir am meisten Vergnügen mach-
te, war die ehrliche, gutherzige Manier, womit ein ehrwürdiger Greiß von sechs und achtzig Jahren mich bey sich aufnahm. Er
war so frisch und munter, wie ein jun-
ger Mann von dreyßig Jahren, und trug
die Redlichkeit auf seiner Stirne geschrieben. Wenn das eine Folge von dem
Clima von Thermia war, wer sollte sich
denn nicht hieher wünschen? —

9) Beschreibung von Zia.

Die Insel Zia, bey den Alten Cea,
war der letzte Gegenstand meiner Neugier,
eh ich mich nach Athen begab. Die
Lobeserhebungen der alten Schriftsteller
zogen mich hieher, und ich war ausseror-
dentlich begierig, die Luft zu athmen, die
ehmals gleichsam unsterblich machte. Siehe
Strabo Buch X. Er erzählt, die Einwohner von Zia hätten so lange gelebt,
und sich so fruchtbar fortgepflanzt, daß
ein bürgerliches Gesetz nothwendig gewesen wäre, welches die Einwohner verbunden hätte, sich nach dem sechzigsten Jahre
mit Schirling zu tödten. Heraclides de
politic. und Aelian Var. Hist. L. 3, c. 37.

sagen

fagen eben das, und Virgil B. 1. Georg.
befingt die fürtreflichen und fruchtbaren
Weyden dieſer Inſul:

Et cultor nemorum, cui pinguia Ceae
Tercentum niuei tondent dumeta iuuenci.

Ich kam bey den Ruinen der alten
Stadt Joulis an, welche die neuern
Griechen Polis nennen. Ich ſah daſelbſt
die Ueberbleiſel eines alten Hafens und
eines Tempels von ioniſcher Ordnung auf
dem Vorgebürge. Auf einem Stück Marmor von ſechs und einer halben Palme
in der Länge fand ich folgende Innſchrift,
die mir ſehr merkwürdig ſchien: Πηρατος
ετησα απολλωνιανε θηι π — — — — —

Man ſieht auch noch eine Treppe,
welche von der Meerſeite nach dem
Tempel führt, und zwey Stücke von
der Kleidung der Statüe der Nemeſis,
welche Tournefort anführt. An dem
Orte der alten Stadt ſieht man noch die
Stuffen und die beyden äußerſten Seiten
von dem Schauplatze eines kleinen Thea-
ters, deſſen Diameter nur fünf und vierzig Schritt hat: auch die Spuren von vielen

len Häusern, Bädern und einige ausgehölte Säulen ohne Capitäler. Die Lage
des alten Joulis mußte viel gesunder seyn,
als die des itzigen Schlosses von Zia, dem
einzigen Orte dieser großen und schönen
Insel. Das alte Joulis nämlich, lag
gegen Mittag und war durch seine Berge
gegen die ungestümen Nordwinde gesichert,
denen die Levante, zehn Monate im Jahr,
beständig ausgesetzt ist. Es lag überdem
in einem ungemein angenehmen Thale,
wo schöne und aromatische Kräuter und
Pflanzen im Ueberfluß wachsen, und mit
ihren angenehmen Düften die Luft durch-
balsamen. Die Einwohner von Zia hingegen genießen lange nicht, ein so ange-
nehmes Clima, weil diesem Schlosse, durch
eben die Berge, welche für Joulis so vortheilhaft waren, die angenehmern westlichen und südlichen Winde benommen
werden. Aber die Einwohner gewinnen
dabey destomehr an ihrem Alter, und erreichen sehr oft das hunderte Jahr. Das
Schloß ist auf den Trümmern der alten
Stadt Cartea erbauet.

Als ich mich in den Trümmern des alten Joulis befand, und durch den wie-
drigen

drigen Wind darinn aufgehalten wurde,
erhielt ich von dem Herrn Nicolaus Pan-
gallo, einem Griechen, der Befehlsha-
ber der Insul und des Schlosses ist, einen
sehr verbindlichen französischen Brief,
worinn er mir meldete, er hab' erfahren,
daß sich ein Fremder in diesen Wüsten befinde, und sandte mir dabey frisches Brodt,
ein Lamm, Rebhüner und vortreflichen
Honig. Das Bedürfniß und die Ein-
samkeit, darinn ich mich damals befand,
gaben dieser Gefälligkeit einen desto gröf-
sern Werth; und ich glaubte, da ich mich
itzt Athen näherte, hierinn schon einiger-
maßen, die attische Urbanität zu erkennen,
die bey den Alten so berühmt war, und
welche auch die Neuern, Spon und
Wheler, wiederfanden.

Ich fand auch zu Zia verschiedene
Stücke Lava. Eh' ich den Archipelagus
verlies, konnt' ich mich nicht enthalten,
über das unangenehme Clima, welches in
diesen Insuln herrscht, zu klagen. Es
mag gesund seyn, wenn man will, (ob
ich gleich Gelegenheit haben werde, weiter
unten bey der Pest in der Levante, hier-
über etwas zu sagen) aber im Sommer
ist

ist es ganz unerträglich. Die Nordwinde
wehen unaufhörlich mit der größesten
Heftigkeit zehn Monate durch. Hiezu
denke man sich nun noch die Hitze der
Sonne, und die natürliche Unfruchtbarkeit dieser Felsen, und dann urtheile man,
wie der Boden dieser Inseln beschaffen
seyn müsse! Nirgends sieht man Bäume, nie hört man den Gesang der Vögel;
sogar das Meer hat in diesen wüsten Gegenden keine Fische. Ich nehme bey dieser Beschreibung nur Scio aus, welches
die Türken den Garten des Reichs nennen; und Naxia, welches Sicilien noch
ähnlicher seyn würde, wenn es mehr bewohnt und bebauet wäre; und das alte
Lesbos oder das heutige Metelino, von
dem ich noch hernach reden werde. Herr
Tournefort fand sich hier befriedigt, weil
er als Botanist reiste; aber, wer den
Schatten der Bäume, das Zwitschern der
Vögel, das sanfte Gemurmel der Bäche
liebt, dem kann es unmöglich in diesen
Gegenden gefallen.

Ces ondes tendres et plaintives,
Ce sont des Nymphes fugitives,
Qui cherchent à se dégager

De

De Jupiter pour un Bergér:
Ces fougéres font animées,
Ces fleurs, qui les parent toujours,
Ce font des belles transformées;
Ces papillons font des amours.
GRESSET.

Viertes Capitel.
Reife von Zia nach Athen.

Beſchreibung des athenienſiſchen Meer-
buſens.

Da ich mich dem Colonniſchen Vorgebürge, (bey den Alten Iunium Promontorium,) gegen über befand; ſo ſe-
gelt' ich dahin, um die Rudera des Tempels der Suniſchen Minerva in Augen-
ſchein zu nehmen, und von da meine
Reiſe nach Athen weiter fortzuſetzen. „In
„dieſem Theile des feſten Landes von Grie-
„chenland, der nach den Cycladiſchen In-
„ſeln und dem Egäiſchen Meere liegt, ra-
„get bey dem Eingange ins Attiſche Ge-
„bieth das Suniſche Vorgebürge hervor.
„Unten

„Unten iſt eine Rhede, oben ein Tempel,
„der der Suniſchen Minerva gewidmet
„iſt.„ Pauſanias B. 1 Cap. 1. Die Beſchreibung dieſes Schriftſtellers iſt ſehr genau, wenn die Rhede gleich jetzt wegen
der Sandbänke und Klippen, die ſie un-
ſicher machen, in ſchlechtem Zuſtande iſt.
Der Tempel iſt von ſchönem Penteliſchen
Marmor und nach der alten doriſchen Ordnung gebauet; er gleichet den Tempeln zu
Peſti und Girgenti in Sicilien; das heißt,
die Säulen haben keine Baſen und ſchließen
den Vorhof des Tempels ein. Er hatte
dreyßig Säulen im Umkreis, ſechſe am
Vordertheil und neune an den Seiten, ſo
daß er,..wie alle alte Tempel, die nach
dieſer Ordnung gebauet ſind, die Geſtalt
eines länglichen Vierecks hatte. Die Zelle
hatte an der Seite, wo man hinein gieng,
zween Pfeiler und in der Mitte zwo Säulen. Es ſind noch vierzehn Säulen von
dieſem Tempel und ein Pfeiler von der
Zelle vorhanden. Die Säulen haben drey
und eine halbe neapolitaniſche Palme im
Durchſchnitt. Man ſiehet noch an der
Erde die Friſe des Portals, das ganz
herum in Laubwerk göttlichſchön gearbei-

tet

tet ist, und deſſen Verzierungen ſich nicht
mit der vorgegebenen Grobheit dieſer Ordnung in der Baukunſt vereinigen laſſen;
ob ich gleich Gelegenheit hatte, eben dieſes bey der Beſchreibung von dem Tempel
Parthenon zu bemerken. Die Triglyphen
und Kügelchen ſind, wie in den Tempeln
zu Peſti, erhaben und rund. Man ſiehet
an der Erde ein Basrelief, das zwar ſehr
beſchädigt iſt, an dem man aber noch un-
terſcheiden konnte, daß es ein prächtiges
Werk war: Zween Männer in der Stel-
lung, daß ſie eine Frau, die auf den
Knieen liegt, ſchlagen; auf der Seite bemerkt man ein Thier, das man nicht
recht erkennen kann; es ſchien mir ein
Ochs zu ſeyn: vielleicht war es die Geſchichte der Dirce, Amphion und des Zethus. Ein unwiſſender Chriſt des ſpätern
Kaiſerthums hatte ſich wahrſcheinlicher
Weiſe dadurch unſterblich machen wollen,
daß er in einem ſchönen Stücke Marmor
barbariſche Charactere, die ich nicht abſchrei-
ben wollte, eingegraben hatte. Von dem
Vorgebürge bis zur Rhede mußte eine
Stadt geweſen ſeyn; ich ſchließ' es aus
der Menge der Ruinen, die ſich noch daſelbſt

selbst finden. Ich reisete vor dem Berge
Laurium vorbey, der jetzt unfruchtbar und
nicht angebauet ist, wo die Athenienser Sil-
berbergwerke hatten. Den neuern Athenien-
sern ist zwar nicht unbekannt, daß dieser
Berg noch jetzt Silbergruben in sich enthalten könne, aber sie hüten sich, aus Furcht
vor den Türken, davon zu reden. Endlich
entdeckt' ich das Schloß von Athen, und
der Insel Aegina gegen über lief ich in den
pyräischen Hafen, der jetzt Porto Lione
heißt, ein. Die Einfahrt in den Hafen
ist prächtig; man siehet noch die Trümmern der schönen alten Mauern, die von
erstaunend großen Steinen ohne Kalk und
Gips aufgeführt waren, und die Einfahrt
in denselben verwehrten. Mitten in der Einfahrt ist ein Felsen, auf dem wahrscheinlicher
Weise der schöne Löwe von weissem Marmor war, den man jetzt bey dem Eingang
in das venetianische Zeughaus siehet. In
dem Hafen erblickt man von ferne die ganze Lage des alten und neuen Athens, das
beynahe dasselbe war, ausgenommen, daß
das neue viel kleiner ist. Die Lage desselben
ist sehr schön, zwo Meilen vom Meere,
und der Weg dahin gehet durch eine beständige Ebene, die ganz mit Olivenbäu-

men,

men, Weinstöcken und Fruchtbäumen besetzt ist. Näher an der Stadt sind sogar
schöne Getraidefelder und ziemlich hübsche
Gärten. Der Phalerische Hafen heißt jetzt
Porto Poro, und wird eben nicht mehr gebraucht, weil er gleichsam ganz ausgefül-
let ist; der Munychische ist nicht mehr da
und ganz und gar unbrauchbar geworden.
Der Weg vom Hafen nach der Stadt ist
sehr angenehm und abwechselnd, doch
schien er mir sehr lang zu seyn, weil ich
vor Ungeduld brannte, die berühmte „in-
tactae Palladis vrbem„ zu sehen. Auf
der Hälfte des Weges sah’ ich eine große
und reiche Quelle, welche dieselbe seyn
muß, die von den Alten die Quelle der
Callirrhoe oder εννεαχρουνος genennet
wurde, und die einzige, welche durch
neun unterirdische Canäle die ganze Stadt
mit Wasser versahe, und die noch jetzt
durch einen andern Canal das Wasser nach
der Stadt leitet, der sich auf dem Bazar
oder Markt endigt, unterdessen daß alle
einzelne Häuser nur Brunnen oder Cister-
nen haben. Etwas näher an der Stadt
siehet man eine Anhöhe von Erde, welche
die Gestalt eines alten Grabes hat; sollte
dieß

dies nicht das Grab der Amazone Antiope
seyn? Man sehe den Pausanias B. 1. Cap.
11. nach. Man gehet auf dem ganzen
Wege über Trümmern alter Mauern und
Gebäude. Schon Pausanias war über
die Trümmern der Mauern des Conons
gegangen *).

Fünftes Capitel.
Beschreibung von Athen.

Transit admiratio a conditione temporum
et vrbium. Vna vrbs Attica pluribus
annis eloquentia, quam vniuersa Graecia,
vberiusque floruit: adeo, vt corpora gen-
tis illius separata sint in alias ciuitates, in-
genia vero solis Athenensium muris clausa
existimes. VELLEI. PATERC.

Nun war ich also in dem Vaterlande so
vieler großen Männer, der Künste und
Wissenschaften angekommen! Jetzt aber,
was ist noch von ihnen übrig? die trau-
rigen Trümmern so vieler Denkmäler,

F 4   die

---

*) Es waren die Trümmern von den Mauern,
die Conon nach dem Seetreffen bey Gni-
dus wieder aufbauen ließ. A. d. Uebers.

die der Stolz, der Luxus, der Aberglaubs
Göttern und Menschen aufgerichtet hat!
Die Barbarey der spätern Jahrhunderte
hat alles zerstört, und ist der Gewalt der
Zeit zuvorgekommen, die auch alles ver-
nichtet, aber in der Stille. Die schwachen
Sterblichen streben alle nach der Unsterblichkeit und dem „Digito monstrari
et dicier hic est„ Pers. Sat. I. Die
Begierde, bewundert zu werden und Beyfall zu erhalten, scheint die Gefährtinn
der Menschheit zu seyn, und sie von
der Wiege bis zum Grabe zu begleiten.
Wann diese Liebe zur Bewunderung und
zum Beyfall der einzige Zweck ist, nach dem
der Ehrgeizige strebt, so wird sie alsdann eine
Grundleidenschaft; alle andre Leidenschaften
werden ihr unterworfen, und gänzlich zu
Mitteln angewendet, die zu diesem Zweck
führen können. Um aber zu bestimmen,
ob diese Begierde nach Ruhm, dies Verlan-
gen nach einem eingebildeten Leben, das
blos in dem Geiste anderer würklich ist,
löblich oder strafbar, nützlich oder un-
nütze sey? muß man die Mittel betrachten,
die man dazu anwendet, die allezeit auf
das gerichtet seyn müssen, was der herrschende

ſchende Gegenſtand des Beyfalls iſt. Nach
dieſem Grundſatz kann der Zweck immer
derſelbe ſeyn, wenn gleich die Mittel ſehr
verſchieden ſind, und von dem Held bis
zum Laſtträger, von dem Genie eines Ge-
ſetzgebers, der einen neuen Staat einrich-
tet, bis zum geringſten Schneider, der
ein neues Kleid erfindet, zielen ſie alle nach
einerley Zweck.   Eben der Grundſatz,
auf eben den Zweck gerichtet, bewog den
Heroſtrat, den Tempel der Diana ein-
zuäſchern, und den Alexander einige
Zeit hernach, die ganze Welt in Feuer zu
ſetzen.   Die „Palma nobilis, wie Horaz
ſagt, Terrarum Dominos euehit ad
Deos,, wurde in den ſchönſten Zeiten Griechenlands mit weit mehr Beeiferung geſucht,
als jetzt Orden und Tittel. Man erlaube mir
hinzuzuſetzen, daß, wie dieſer ſchlechte Palm-
zweig unverändert die Belohnung des wahren Verdienſtes war, er doch einen ſehr
verſchiednen Glanz auf den warf, der
ihn davon trug.   Die Ehre, die man
in dieſen öffentlichen Spielen erlangte,
wurde die gewöhnliche Materie der Dicht-
kunſt, und die Harmonie der Muſik wurde
noch zu Hülfe genommen, um der poeti-

F 5.   ſchen

schen Muse neue Reize zu geben. Die Lob-
rede erschien mit dem starken Ausdruck der
männlichen Beredsamkeit und mit allen
Blumen der Rhetorik geschmückt, und
verband sich mit der Treue und Würde
der Geschichte; unterdessen daß der Kanne-
vaß und die Leinwand durch die Hand des
Künstlers belebt, und der beseelte Marmor
alle Kraft der Kunst anwendete, das Andenken der Sieger zu verewigen. Dies
sind die edlen Stacheln, welche die griechische Jugend mit der rühmlichen Nacheiferung spornten, in die Fußstapfen dieser
unsterblichen Helden zu treten, welche die
ersten Stifter dieser berühmten Spiele waren. Daher entstand in Griechenland der
feine und erhabene Geschmack an den Kün-
sten und Wissenschaften, der diese Meisterstücke in aller Art hervorbrachte, deren unnachahmliche Ueberbleisel nicht allein ergötzen, sondern auch noch die gerechte Bewunderung der gegenwärtigen Zeiten erwer-
ben. Dieser Geschmack bildete einen neuen
Gegenstand des Beyfalls, und verdrängte
gleichsam die Aeltern, die ihm das Leben
gegeben. Die Dichtkunst, die Beredsamkeit und die Musik wurden auf gleiche Art

der

der Gegenstand der Nacheiferung in den
öffentlichen Spielen, sie erhielten ihre besondern Kränze und bahnten dem Ruhme
und der Unsterblichkeit einen neuen Weg.
Der Ruhm war das Ziel, das sich alle
vorsetzten, und worauf alle hoften. Diejenigen, die durch die rauhen und gefähr-
lichen Wege der Ehre es nicht zu erreichen
glaubten, folgten dem neuen und blumig-
ten Wege, der mit einer Menge knechtischer
Nachahmer angefüllet war. Monarchen
wurden Dichter und große Männer Musiker. Das Geld wurde damals zur Be-
stechung der Richter in den öffentlichen
Spielen verwendet, um schlechte Verse
und ihre Verfasser mit Lorbeeren zu krö-
nen, die dem hervorstechenden Verdienste
allein bestimmt waren. Dieser Geschmack
galt in jedem Staat Griechenlands (Sparta allein ausgenommen) mehr oder weniger, nach der verschiedenen Beschaffenheit
des Genies bey jedem Volke: Er wurde
aber mehr in Athen als an irgend einem
andern Orte herrschend, und aus dieser
Ursach wurde diese Stadt der erste Sitz
der Musen und der Grazien. Aber was ist
aus diesem Griechenlande jetzt geworden,

das

das ehedem die Pflegerinn der Künste und Wissenschaften, die fruchtbare Mutter der Philosophen, der Gesetzgeber und Helden war? Es ist dem harten Joche der Unwissenheit und der Barbarey unterworfen. Carthago, zuvor die mächtige Beherrscherinn des Oceans, und der allgemeine Mittelpunkt des Handels, das die Reichthümer der übrigen Nationen in seine Mauern sammlete, täuscht jetzt den neugierigen Reisenden, der die Spuren seiner Ruinen aufsucht. Und Rom, damals die Beherrscherin des Erdbodens, welches alles in sich enthielt, was die menschliche Natur Großes und Glänzendes hatte, jetzt —— ——

Des Prêtres fortunés foulent d' un pied tranquile
Les tombeaux des Catons et la cendre d' Emile. *)

Jetzt hab' ich mich durch meine Reflexionen ein wenig von Athen entfernt! Ich komme nun wieder zur Beschreibung der alten

*) Begüterte Priester treten mit ruhigem Fuß auf die Gräber der Catone und die Asche der Emile.

alten Denkmäler, die noch daselbst befind=
lich sind. Ich bemerkte anfangs in dem
Capuciner Kloster die vermeinte Laterne des
Demosthenes *). Herr Stuart hat dies=
Denkmal in seiner schönen und genauen
Beschreibung von Athen mit aller Wahr=
heit und Genauigkeit geliefert, die in sei=
nem ganzen Werke herrscht und die Frucht
einer ununterbrochenen Arbeit ist, die er
in

*) Diese Laterne des Demosthenes hielt man
für den Ort, wo sich dieser Redner soll
aufgehalten haben, um sich in seiner
Kunst zu üben. Man hat dies aber ohne
weitern Grund angenommen. Ich will
eine kleine Beschreibung dieses Orts, die
ich beym Spon und Wheler finde,
mittheilen. Es ist ein kleiner Thurm ohn=
gefähr wie ein Schilderhaus, der auf
sechs Säulen, von denen jede eilf und
einen halben Schuh hoch ist, ruhet. Die
Decke ist aus einem Stück gehauen, und
sieht wie eine Muschel aus. Oben auf der
Decke ist ein Zierrath, der einer Lampe
ähnlich sieht, davon sie vielleicht den Na=
men einer Laterne bekommen hat. Der
Eingang ist an der Seite, wo keine Skul=
ptur angebracht ist. Der Kranz herum ist
nicht tief, aber zierlich ausgehauen. Der
ganze Thurm hat sechs und einen halben
Fuß im Diameter. Anm. d. Uebers.

in Athen selbst mit vieler Mühe und Unkosten zwey Jahre lang fortsetzte. Die
griechische Innschrift, die auf dem untern
Balken ist, lehret, daß Lysikrates dies
Denkmal zum Andenken des Preises und
Sieges, den er auf der Schaubühne erhielt, errichtete. Das Bewundernswür-
digste bey diesem kleinen Denkmal ist dieses,
daß es noch ganz neu und unversehrt ist,
als ob es eben fertig geworden wäre.
Alles bis auf einen Zierrath, nach arabi-
scher Manier, der oben auf dem Hause
gesetzt, und von Marmor wie das ganze
Gebäude ist, hat sich gänzlich erhalten.
Dieses Denkmal ist nach der corinthischen
Ordnung gemacht; die Skulpturarbeiten
an der Frise, an dem Gesimse der Balken
haben nach dem Herrn Stuart, keine Beziehung auf den Herkules und noch weniger
auf die Kämpfe der Fechter. Er glaubt,
daß sie die Geschichte des Bacchus vorstellen; ich würde vielmehr der Meynung
seyn, daß es eine Geschichte wäre, die
man aus dem Homer erklären müsse.
Vielleicht zielt Ulyßes auf die Circe, die ihn
bezaubern wollte! Odyß. Vielleicht ist
es das Treffen der Athenienser mit den
Ama-

Amazonen. Man siehet baran Männer, mit Thierhäuten bedeckt und Weiber, die an der Erde liegen und diese mit Keulen bewafnete Männer um Vergebung bitten. Diese Gruppe ist oft wiederholt. Ein Gefäß, in dem eine weibliche Figur Wey=rauch opfert; Männer, die sich in Fische verwandeln. Ich überlasse den gelehrten Alterthumskundigen die Sorge, die Bedeu=tung dieser Skulpturarbeit heraus zu brin=gen. In dem Capuciner Kloster ist noch ein ander kleines Denkmal in der Mauer eingesetzt, das sehr artig ist, und die grie=chische Redlichkeit der Alten beweiset, die man auch bey den Neuern findet. Es ist ein kleines Gefäß mit drey Figuren; einem stehenden Manne, einem sitzenden und hinter diesem einer Frau. Die bey=den Männer geben sich die Hand, entwe=der zum Zeichen der Freundschaft oder weil sie einen Kauf geschlossen haben; die Frau, die sich aufrichtet, giebt dem Manne ein Zeichen, daß er sich in Acht nehmen möchte, indem sie den Daum auf den Mund legt. Es sind griechische Characte=re darüber, die ich nicht habe dechiffriren können; da ich des Herrn Stuart Werk

nicht

nicht bey der Hand habe, so kann ich nicht sagen, ob er es erwähnt.

Der Tempel des Theseus ist das älteste Denkmal und der Tempel, der sich in Athen am besten erhalten hat. Die Säulen an demselben sind ausgehölt, und ohne Basen, wie die in Pesti; die Ordnung in der Baukunst ist auch dieselbe, der Tempel hat vier und dreyßig Säulen im Umkreis, zwey am Vordertheil und zwey am Hintertheil der Zelle; auf den Frisen der Zelle an beyden Gesimsen erblickt man als Basreliefs die Thaten des Theseus mit griechischem Griffel gearbeitet. Der gewölbte Gang ist mit Marmor, der die Form der Ziegelsteine hat, gedeckt.

Das Gewölbe der Zelle ist modern. Man erkennet weder die hinaufgehenden Stufen noch die Treppe selbst, die zum Tempel führte, aber wohl die alte Thür. Der Tempel ist jetzt eine griechische Kirche, und dem heiligen George geweihet.

Von da gieng ich über einen Platz, (wo der Areopagus gewesen seyn soll, von dem man aber jetzt nichts mehr sieht,) zum

zum Denkmal des Philopappus, das
sich auf einem ziemlich hohen Hügel
befindet. Es ist ein halber Zirkel nach
corinthischer Ordnung, mit drey viereckigten Nischen, die drey Statüen in sich haben, und unter jeder ein Basrelief; das
Ganze ist von pentelischem Marmor. Unter
der mittelsten Statüe lieset man: ΦΗΛΟ-
ΠΑΠΠΟΣ ΕΠΙΦΑΝΟΥΣ ΕΒΙΣΑΙΕΙ.
Die Beschreibung, die Spon und Wheler davon geben, ist genau, und ich ver-
weise dahin, ohne weiter etwas davon zu
sagen. Der Anblick dieses Hügels ist
schön und angenehm, und man kann auf
demselben sehr gut nach dem alten Athen
hinsehn. Hier scheint das Prytaneum gewesen zu seyn; denn Pausanias sagt B. 1.
Cap. 22: „Vom Prytaneum gehet man
„herunter durch die Dreyfußgasse,, und
nachdem er alles, was in dieser Straße
ist, beschrieben, sagt er Cap. 21: „Nun
„sind wir zum Theater gekommen,,! Dies
stimmt vollkommen mit der Lage dieses
Hügels überein.

Das Theater stößt von der Seite der
Stufen an den Felsen des Citadells.
Pausanias beschreibt die Lage desselben

G   sehr

sehr genau. Man siehet von so vielen
schönen Gemälden, von dem Gorgonen-
kopf und andern Schönheiten, die dieser
Schriftsteller daselbst beobachtet, nichts
mehr. Es ist von geschnittenen Steinen
und sehr groß, von eben der Baukunst,
als das zu Taormine in Sicilien. Die
Scene hat eben das sonderbare an
sich, daß sie im Proscenio sehr enge ist.
An beyden Seiten der Scene sind zwey
Gebäude, die sehr hervoragten, und
verursachten, daß man die Scene der
Seitenstufen nicht gut sehen kann; wahrscheinlicher Weise waren dieß abgetheil-
te Logen. Das Orchestre und die Stufen
sind daselbst wie alle andere griechische
Theater; die Scene hat ihre drey Pforten
in der Mitte und an der Seite. Das
Theater ist nach dorischer Ordnung. Man
kann die alten mit Marmor gedeckten gewölbten Gänge nicht mehr sehen, von denen Pausanias redet. Die Türken gebrauchen sie zu einem Magazin, und halten sie verschlossen.

„Es ist nur ein Weg, auf dem man
ins Citadell kommen kann: denn auf allen andern Seiten ist es entweder durch

sehr

sehr steile Felsen, oder durch eine gute
Mauer verschlossen.„ Pausanias B. I.
Cap. 22. — Es ist itzt noch eben so, und
die Türken halten darinn eine Garnison von
funfzig Mann. Der erste Tempel, den
man bey dem Eingang ins Schlos sieht,
ist nach der alten dorischen Ordnung gebauet; seine Structur gleichet dem Tempel der Isis zu Pompeji, und weil daselbst eine Statue der Isis von weissem,
folglich keinem egyptischen Marmor, die
zwar in Athen gemacht ist, stehet, so
könnte dieser Tempel von dem Adrian seyn
gebauet worden, der die Verehrung der
Isis in Rom und in Griechenland ein-
führte. Die Pforten an der Seite des
Tempels, sind, wie an dem zu
Pompeji, drey an der Zahl. Nach seiner
Lage sollte dies Gebäude vielmehr der Ge-
mäldesaal seyn, davon Pausanias im
23. Capitel redet. Denn er ist zur Linken, dem Orte gegen über, wo er den
Siegestempel hinsetzet, von dem man die
Aussicht nach dem Meere hin hat, und
von dem sich Egeus herabstürzete. Vielleicht war dies der Tempel der Minerva
Poleas,

G 2   Der

Der Tempel des Erechtheus ist, so wie
ihn Pausanias beschreibet, nach der sehr
zierlichen dorischen Ordnung, doppelt.
Die Capitäler des kleinen Tempels haben
doppelte oder zusammengefügte Schnecken,
die des großen haben vier Schnecken an
den vier Ecken des Capitals. Die
Chnoyatiden oder weibliche Statüen,
welche den Unterbalken und die Frise tragen, sind von mittelmäßiger Sculptur,
und fünfe an der Zahl. Der Kranz, den
sie tragen, ist zierlicher, als es die ionische Ordnung mit sich bringt, und da die
Figuren sehr mittelmäßig ausgegraben
sind, und übrigens die Symmetrie des
Gebäudes darunter leidet, so bin ich geneigt zu glauben, daß dieser Theil in spätern Zeiten hinzu gekommen ist. Der
Tempel der Minerva oder der Parthenon,
dies berühmte Gebäude, durch welches
sich Pericles unsterblich machen wollte,
und bey dem Phidias seine Kunst und
Genie verschwendete, um es zu verschö-
nern, — der Vorwurf des Hasses und Nei-
des der Athenienser gegen den Perikles, und
die Artisten, die er dazu gebraucht hatte;
endlich der Verderb der Schätze und Fi-
nanzen

nanzen der Republik, — ist das schönste
Denkmal, das ich in Rom sowohl, als
in der ganzen alten Welt gesehen habe.
Die Alten nannten ihn auch Hecatompe=
don, um seine Größe zu bezeichnen.
Pausanias B. 8. Cap. 42. sagt im Vor=
beygehen, daß Ictinus der Baumeister
desselben gewesen, eben der, welcher den
Tempel des Apollo Epicurius zu Phigalien
in Arcadien, erbauete. Das erste, was
mir dabey auffiel, war, daß ich sehr
schöne dorische Säulen sah, aber ohne
Basen, wie die Tempel in Pesti u. s. w.
Da dieser Tempel in den besten Zeiten der
Republik, in der Epoche, wo die Künste
und Wissenschaften am meisten in Athen
blüheten und glänzeten, ist gebauet wor=
den: so glaub' ich, daß man die allge=
mein angenommene Idee aufgeben muß,
daß diese Ordnung die älteste dorische
sey. Ich glaube vielmehr behaupten zu
können, daß die Säulen ohne Basen in
der besten Epoche der Baukunst gebräuch=
lich waren, und daß hernach die Römer, —
die allezeit mehr Soldaten als Baumei=
ster und Bildhauer, und fähiger waren
sich durch Hochmuth und Luxus zu erhe=

G 3 ben,

ben, als die edlen und wahren Schönheiten der männlichen Simplicität zu empfin-
den, — die Basen bey den dorischen
Säulen hinzu gefügt haben, wie sie die
ionischen Schnecken mit den corinthischen
Capitälern verbunden haben, um eine
schlechte vermischte Ordnung daraus zu
machen. Dem sey nun wie ihm wolle,
so flößt dieser Tempel bey dem ersten Anblick Ehrfurcht und Bewunderung ein.
Er hat, wie jeder Tempel, vier und vierzig
Säulen von Pentelischem Marmor im Um-
kreiß. Jede Säule hat sechs, eine halbe neapolitanische Palme im Durchmes-
ser. Die ausgehölten Rinden, 21. an der
Zahl, sind, wie alle Säulen dieser Ordnung, jede eine Palme und eine Linie breit.

Er ist wie ein länglichtes Viereck gebauet, hat vorne sechs und an der Seite sech-
zehen Säulen. Er ist noch fast unversehrt,
und sein Dach würde noch vorhanden seyn,
wenn es nicht eine venetianische Bombe
in der letzten Belagerung zerschmettert hätte. Die beyden Giebel, die Pausanias
Flügel nennt, werden von schönen Statüen in verschiedenen Stellungen gestützt.
Man sieht in denselben noch die Statüe
des

des sitzenden Adrians, an dessen Seite die der
Sabina, sehr gut erhalten.   Die, des jungen Helden Iphicrates, die zwote männli-
che Statüe, die im ganzen Tempel war,
findet man nicht mehr.   Die des Adrian
und der Sabina sind ein schönes Werk.
Die ganze Frise der Zelle ist mit den
schönsten Basreliefs ausgezieret, die man
nur sehen kann; sie stellt die Geschichte der
Geburt der Minerva und andere sich auf
dieselbe beziehende Begebenheiten vor; viele
sind davon abgeschlagen und weggenom-
men worden.

Der sogenannte Tempel des Jupiter
Olympius ist, wie Herr Stuart es mit
Grund behauptet, die Pöcile, ΠΟΙΚΙΛΗ.
Seine Lage nach dem Pausanias B. I.
C. 15. und seine Structur beweisen, daß dies
nicht der Tempel des Jupiter seyn könne;
denn dieser Schriftsteller setzt die Pöcile
zwischen den öffentlichen Platz in Athen,
und das Gymnasium, und hernach zwischen den Tempel des Theseus; seine
Structur kommt übrigens nicht mit der
Architectur eines Tempels überein.   Es
ist ein ungeheuer langes, und nach Proportion seiner Länge, sehr schmales Ge-
G 4   bäude.

bäude. Die Säulen sind nach corinthischer Ordnung. Die, welche den Peri-
stylum *) ausmachen, sind ausgehölt, die,
im innern Theil des Gebäudes sind verei-
nigt. Es sind ihrer viele, aber sie sind
nicht groß, und man siehet, daß dies
Denkmal ein bedeckter Gang gewesen seyn
müsse, so wie die Pöcile war, und nicht
ein Tempel. Der Windthurm ist ein Achteck,
und von einer ziemlich schönen Architectur,
nemlich von attischer Ordnung. Die
acht Winde mit ihren Namen, die unter
den Figuren, welche sie vorstellen, eingegraben sind, sind von mittelmäßiger Arbeit.
Dies Gebäude scheint von spätern Zeiten
zu seyn; es besteht aus großen Marmorstücken, und die Schnecke wird inwendig
von kleinen dorischen Säulen gestützt, welche die erste griechische Majestät nicht ver-
rathen. Auf der einen Seite dieses
Thurms ist eine Sonnenuhr; itzt dient er
den Derwischen zu einer Mosquee, die
Gott einen Dienst zu thun glauben, wenn
sie ihre Körper eine halbe Stunde lang
nach dem Tone der Musik herum drehen.

So

*) Ist ein Gang in einem Gebäude, welcher
mit Säulen umgeben ist. A. d. Uebers.

So haben die Menschen jederzeit ausge-
schweift, wenn sie Gott auf eine besondre
Art verehren wollten! Etwas weiter vorwärts, nahe an dem Hause des französischen Consuls, befindet sich ein gewölbter
Gang, nach dorischer Ordnung, mit vier
ausgehölten Säulen, ein Ueberbleisel eines der Stadt Rom und dem August ge-
weiheten Tempels. Die griechische Innschrift, die auf dem untern Balken ist,
wird von dem Herrn Stuart sowohl, als
die angeführt, die auf dem Acroterium
ist, das in der Mitte des Giebels stehet,
und das, wie er behauptet, einer Statüe
des Lucius Caesar zu Pferde soll zur
Basis gedient haben, und eine dritte, die
eine Statüe der Julia Augusta als ein
Bild der Vorsehung soll getragen haben.
Diese Säulen haben Basen. Nahe bey
diesem gewölbten Gange ist eine schöne griechische Innschrift von dem Kayser Adrian
gegeben, welche den Verkauf des Oels,
der allzeit der erste Gegenstand des Acker-
baues und des Handels der Athenienser gewesen, betrift. Sie ist auf einem Stück
Marmor acht bis neun Palmen lang, und
vier Palmen breit, und bestehet aus mehr

G 5   als

als funfzig Reihen; Ich habe sie nicht abschreiben können, weil mir ein Gerüste fehlte, um heran zu kommen.

Hundert Schritte von dem Kloster der Capuciner auf dem Felde ist ein Bogen, und nicht weit davon zehn corinthische Säulen von beträchlicher Größe. Dieser Bogen, den man für das Thor der Stadt ausgiebt, scheint mir vielmehr ein Beweis von der Schmeicheley der Athenienser gegen den Kayser Adrian zu seyn. Man weiß, wie sehr die Griechen durch die Römer erniedriget waren, und wie weit sie ihre Vergötterung der Kayser trieben. Wie viele Tempel, wie viel Statüen errichteten nicht die griechischen Städte und die asiatischen Völker ihren Tyrannen, die sie der Freyheit beraubt hatten? Als elende Sclaven küßten sie die Ketten, die sie trugen, und hatten das Schicksal aller zu freyen Nationen, einer despotischen Regierung unterjochet zu werden. Eben so wie die Römer und die Türken, die ehemals freye Scythen * waren; ein Schicksal, das auch den Britten unter Cromwel drohete.

An

*) Dies ist zu unbestimmt. Das Volk, von
denen

An der Westseite dieses Bogens, den
ich für einen Triumphbogen des Kaysers
Adrian halte, fand ich diese Innschrift:

ΑΕΔΕΙΣ ΑΘΗΝΑΙΣ ΘΕΣΕΩΣ Η-
ΠΡΙΝ ΠΟΛΙΣ.

An der Ostseite:

ΑΕΔΕΙΣ ΑΔΡΙΑΝΟΥ ΚΑΙΣΑΡΟΥ
ΚΙ ΘΕΣΕΩΣ ΠΟΛΙΣ.

Die Säulen scheinen Ueberbleibsel von dem
Tempel des Jupiter Olympius zu seyn.
Ihre Lage und ihre Größe, scheint mit dem
überein zustimmen, was Pausanias B. 1.
Cap. 19. sagt. Vielleicht ist es der Tempel aller Götter, den Adrian erbauete. Er
muß sehr groß gewesen seyn, und der
Ilissus, itzt ein kleiner Fluß, der im Sommer ganz ausgetrocknet ist, fließt unmit-
telbar hinter diesem Gebäude. Pausanias
redt eben daselbst von der berühmten Rennbahn

denen die Türken herstammen, war ein
freyes nomadisches Volk, das unter Zelten
am Caspischen Meer wohnte. Sie waren
aber eigentlich nicht Scythen, (wenigstens
ist dies zu allgemein) sondern Türkoman-
nen. Eben so wenig kann man den Römern einen scythischen Ursprung beylegen.
A. d. Uebers.

bahn des Herodes Atticus, dieses reichen
Privatmanns, dem Nerva so edel antwortete, als er ihm meldete, daß er einen
Schatz gefunden habe: utere, und hernach: abutere. Man sehe die Anmer-
kung des Abts Gedoyn im Pausanias am
angeführten Ort. Er wandte zu dieser Rennbahn einen ganzen Bruch von Pentelischen
Marmor an. Aller Marmor aber ist itzt
weggekommen, und man sieht nur noch
den Ort desselben. Die Rennbahn geht
von dem Berg Hymettus bis an den
Berg Ilyssus, in der Gestalt eines halben
Mondes. Ein Theil ist in den Felsen gehauen; ein anderer von Ziegelsteinen gebauet, den man noch itzt siehet.

An dem Orte wo man gemeiniglich den
Brunnen Callirrhoe annimmt, (obgleich
Pausanias nichts hiervon sagt) war ein
artiger kleiner ionischer Tempel, simpel aber
schön, und ein wenig von der gewöhnli-
chen Art abweichend. Stuart hat ihn
noch gesehen, und eine Abbildung davon
geliefert. Der griechische Erzbischof von
Athen, der ein so großer Ignorant aller
Schönheit, sowohl in Absicht der Kunst,
als aller andern Dinge ist, als es sein
Stand

Stand und der jeßige Zustand seiner Nation nothwendig machen; — dieser Erzbischof kaufte den Tempel von den Türken, und ließ ihn niederreissen, um daraus
eine Kirche in der Stadt zu bauen. Ich
fand nur noch eine Säule, deren Capital
mit denjenigen überein kam, welche ich zu
Delos und Paros sah. Es muß ein Tempel des Apollo oder der Venus oder des
Hercules Cynosarges gewesen seyn, nach
dem Pausanias am angeführten Orte.

Unten am Berge Sypilus, auf welchen Niobe in einen Stein verwandelt
wurde, —

In patriam rapta est, ibi fixa cacumine
montis
Liquitur, et lacrymas etiam nunc marmora manant.
OVID. *Metam.*

— muß die Academie des Plato gewesen
seyn. Auf der Höhe des Felsen ist eine
griechische Kapelle des heiligen Georgs;
unten sind zwey ionische Säulen, deren
Capitäler vier Schnecken haben, und die
Ueberbleibsel einer Wasserleitung über einer
Pforte mit der Innschrift:

IMP.

IMP. CAESAR. T. AELIVS. AVG. PIVS
COS. III. TRIB. POT. II. P. P. AQVAE
DVCTVM IN NOVIS CONSVMMAVIT.

Dies Monument, welches von weissem Marmor ist, war vermuthlich ehemals ein
castellum aquae. Dies ist desto wahrscheinlicher, weil noch jtzt eine unterirrdische Wasserleitung darunter weggeht.
Diesem Denkmal des Alterthums zur Seite,
hat der itzige Aga von Athen eine Säule
mit einer türkischen Innschrift errichten lassen, zum Andenken seiner Stärke, mit der
er einen Pfeil vier hundert Schritte weit
abgeschossen hat.

An der griechischen Cathedralkirche, einem Gebäued von sehr schlechtem Geschmack,
befinden sich viel Innschriften, und Basreliefs; Man hat sie nach dem Christenthum eingerichtet, in dem man das griechische Creuz darein grub. Es sind zwo
Figuren, die sich noch sehr gut erhalten
haben daran, vielleicht Mars und Venus,
denen man den Namen Maria und St.
Johannes beylegte; — eine Frise mit
Figuren gearbeitet, aber mit schlechten
Griffeln, sie sind kurz und niedrig. Es
ist

ist eine Inschrift darauf, die von Smyr‐
na redet; eine andre:

ΦΑΠΑΡΑΜΟΝΟΣ ΑΙΛΙΑ ΑΒΙ‐
ΔΗΑΝΗ ΗΡΑΚΛΕΙΔΟΤ ΦΑΙ‐
ΕΙΣΕΙΣΙΑΣ ΕΞΟΤΝΙΕΟΝ.

Uebrigens sind in Athen eine unzählbare
Menge Innschriften und Basreliefs, aber
alle beschädigt, oder gänzlich verdorben.
Jeder Grieche hat ein kleines Basrelief
über seine Thür. Unter den Innschriften
habe ich diese genommen; über eine Thür:
ΓΛΑΡΑ ΚΑΛΛΙΜΑΧΟΤ ΕΓΛΑΜ‐
ΤΡΕΩΝ. Ueber eine andere: ΕΠΕ‐
ΣΚΕΤΑΣΘΗ ΕΚΤΩΝ ΔΗΜΟΣΙΩΝ
ΧΡΗΜΑΤΩΝ ΕΝ ΠΡΟΝ ΠΕΙΟΝ‐
ΤΟΣ ΑΙΔΙΟΤ ΟΜΟΤΛΛΟΤ.

Ich wundre mich nicht, daß das War‐
zeichen von Athen eine Nachteule war; denn
diese Vögel sind in dieser Sadt unzählbar.
Sie haben ihren Aufenhalt in den Hölen der
Felsen des Citadells, und ich glaube, daß
ihr Ursprung bis auf die Zeiten der Republik
reicht; so findet man die ersten Ursachen
oft in dem Local oder dem Clima.

Der Berg Hymettus liegt Athen gegen
Osten. Er ist nicht mehr bebauet, indes‐
sen

sen sind noch viele wilde Bienen auf demselben, die fürtreflichen Honig zubereiten.
Er ist so gar ein Gegenstand des Handels
für Athen: „Non Hymetto mella dice-
dunt! Horaz. Der Pentelik, gegen
Norden, dient nicht mehr zum Marmor.
Die alten Schachten sind eingestürzt, und
die neuern Athenienser haben keinen Marmor nöthig; sie bauen ihre Häuser von
Leimen und Ziegelsteinen, die nicht gebrannt
sind. Der Berg Parnas, der Stadt gegen Osten, ist eine Kette von Gebürgen,
noch mit Waldung bedeckt, und wie in
alten Zeiten mit Wild versehen. Auf demselben wächset ein Kraut, dessen Ausdünstungen so giftig sind, daß sie sogar Anfälle von Fiebern in Athen verursachen,
wenn sie die Nordluft dahin treibt; die
Landleute der umliegenden Gegenden geben sich auch viel Mühe, es, so viel als
nur möglich ist, auszurotten, aber es
kommt immer in Menge wieder hervor.
Ich weiß seinen botanischen Namen nicht,
die neuern Griechen nennen es ΦΛΟΜΟ
(Phlomo), sollte es nicht die Cicuta der
Alten seyn?

Ich

Ich habe mich eben so sehr geirrt in
Ansehung des Climas von Athen, als
des Climas der ganzen Levante. Diese Stadt, wenn sie gleich unter dem
acht und dreyßigsten Grade der Breite
liegt, scheint, in Vergleichung mit Neapel, das unter dem vierzigsten Grade
ist, Petersburg zu seyn. Bey meiner Ankunft muthmaßt' ich, daß es eine gelin-
dere und gemäßigtere Luft haben müßte,
als die übrigen Theile Griechenlands
weil es an der Meerseite gegen Mittag liegt, und von der Nordseite durch die
Gebürge Livadiens, des alten Attikas
gegen die Winde geschützt ist. Aber eben
diese Gebürge vermehren die Rauhigkeit
dieser Nordwinde, und der Schnee, mit
dem sie acht Monate lang des Jahrs bedeckt sind, macht sie sehr kalt und em-
pfindlich. Um das zu bestätigen, was
ich von dem Clima dieses Landes gesagt, füg' ich hinzu, daß man bey meiner Ankunft in Athen am 20sten August
1768 eben eingeerndtet hatte, da ich zu
Catanea in Sicilien im Monat May das
Getraide hatte abmähen sehen, und erst
im October war die Weinlese. Gegen

H   Ende

Ende des Septembers war es so kalt, als
in Deutschland. Sonst ist die Luft daselbst frisch, aber rein und heiter, und
acht Monate im Jahre regnet es nicht.
Das Wasser ist sehr salpetricht: dies kömmt
daher, weil der ganze Boden des neuern
Athens aus dem Schutte von Kalk und
Steinen des alten Athens besteht; dies
macht, daß das Erdreich ziemlich unfruchtbar ist, wenigstens wenn man es nicht beständig mit Wasser begießt; dies thun die
Athenienser so oft, als sie können. Ich
gestehe, daß ich die Einbildungskraft ihrer Artisten, ihre Delicatesse und Fühl-
barkeit im Geschmack, die Feinheit der
Empfindungen ihrer Poeten, diese attische Urbanität, welche etwas sanftes
in dem Character und den Sitten voraus-
setzt, mit einem so rauhen Clima, einem
so ungestümen Nordwinde, und den so
plötzlichen Veränderungen der Kälte und
Hitze nicht vereinigen kann. Doch wie sollt'
ich den Einfluß des Climas auf die Völker, die unter demselben wohnen, läugnen? —

Die Stadt Athen, die zur Zeit der Republik und Zählung des Demetrius Phale-
reus

reus noch zwanzig tausend Bürger hatte,
ohne die Weiber, Kinder und Sclaven zu
rechnen, hat itzt nur noch zehen tausend
Seelen, worunter wenig Türken sind,
die so gar wegen des großen Handels und
Umgangs, den sie mit den Griechen haben, welche die Stadt ausmachen, nicht
türkisch reden können. Ich bildete mir so gar
ein, daß die meisten von ihnen griechische
Renegaten wären oder doch von denselben
herkämen. Diese Stadt wurde von dem
griechischen Reiche durch den Bonifa-
rius abgerissen; die Arragonier vertrieben die Franzosen zur Zeit der Sicilliani-
schen Vesper, aus derselben; von ihrer
Besitzung kam sie in die Hände des
Hauses Acciajoli; Mahomed II. nahm
sie unter dem achten Prinz dieses Hauses weg;
die Venetianer eroberten sie zweymal wieder,
aber nachher ist sie in den Händen der
Türken geblieben. Dieß ist kürzlich die
Geschichte des neuern Athens: Die Producte
des Landes sind Getraide, schlechter Wein,
Oel, aus dem man viel Seife für Constantinopel macht, Honig und Wächs vom
Berge Hymettus, alle ziemlich im Ueberfluß, daß man einen Theil davon verkau-

fen

fen kann.   Sonſt trift man in dieſer
Stadt keine Kunſt, keinen Fleiß, keine
Handlung an.   Die heutigen Athenienſer,
von ihrem alten Ruhm noch aufgeblaſen,
wollen lieber dürftig von dem geringen
Einkommen ihrer Ländereyen leben, als
arbeiten und Handlung treiben.   Sie ſind
noch heut zu Tage die feinſten, die verſchlagenſten, die ſcharfſinnigſten unter den
Griechen, aber auch ohne Treue und Glauben, wie die übrigen alle, und wie auch
ſchon die Alten waren.   Man redet zu
Athen das beſte gemeine Griechiſche, wenn
gleich dieſe Sprache heut zu Tage durch
die Albaner, (ſo nennt man alle Landleute
der umliegenden Gegenden, und diejenigen, welche ſich haufenweiſe daſelbſt nie-
derlaſſen, die eine ſehr verdorbene Sprache
reden) anfängt verdorben zu werden.
Eben dieſer Urſach wegen, hab' ich die
attiſche Urbanität, oder die Feinheit, die
unter dem gemeinen Volke des alten Athens
herrſchte, und die Spon noch bemerkte,
nicht mehr angetroffen, weil dieſe Albaner
grobe und ungeſchliffene Bauern ſind.   Es
iſt daſelbſt ein Aga oder türkiſcher Gouver-
neur auf dem Schloſſe und noch ein Com-
mandant

mandant der Stadt. Der griechische Erzbischof, der unter dem Patriarchen zu Constantinopel stehet, hat hier großes Ansehen. Die Athenienser werden viel weniger als die übrigen türkischen Unterthanen
gedrückt, denn sie zahlen nur den Zehnten
von den Producten ihrer Ländereyen, und
fünf Piaster Karatsch oder Kopfsteuer.
Zuweilen scheint, mitten durch die dicken
Wolken des Despotismus und der Barbarey, welche dies Volk umhüllen, ein
schwacher Schimmer der alten Tapferkeit
und Liebe zum Vaterlande hervor. Es
sind, zum Beyspiel, zwo öffentliche Schulen zu Athen, die von Privatpersonen gestiftet sind. Die eine ist erst seit wenigen
Jahren von einem atheniensischen Kaufmann, Namens Deca, angelegt. Man
unterhält in derselben zwölf Schüler, die
darinne wohnen, speisen und das gelehrte Griechische lernen.

Eh' ich Athen verlasse, kann ich ein
ausnehmendes Beyspiel von Tapferkeit
eines Capitains von einem Kauffarthey-
schiffe von Cataro, das in den Gegenden von Spalatro in Dalmatien liegt
nicht mit Stillschweigen übergehen. Er

H 3   bewies

bewies sie vor dreyzehn Jahren in dem
Hafen zu Athen. Dies Schiff mit einer venetianischen Flagge, und sieben
und dreyßig Personen Mannschaft la-
dete daselbst Oel. Ein Capucinermönch
sah von seiner Celle herab eine algierische
Chebecke ankommen, und gab dem Capitain, der in der Stadt war, davon Nachricht. Der Capitain rüstete sich mit seiner
Equipage und erwartete standhaft den
Corsaren. Die Chebecke mit dreyhundert
und sechzig Leuten, glaubte das Schiff
mit leichter Mühe wegzunehmen: aber sie
betrog sich; denn dies mit sechs Stück kleinen Canonen versehene Kauffarthenschiff
bohrte die Chebecke zu Grunde, tödtete dreyhundert Mann, und verlohr nur neun
Mann, unter denen der tapfere Capitain selbst war.

Man kann die Athenienser und ihre
Ruinen nicht leicht verlassen. Das An-
Denken an die alten Zeiten fesselt an das
Gegenwärtige, so wie der Reisende, nachdem er alle neuere Schönheiten Roms gesehen, immer mit Erstaunen und Bewund-
rung zum Pantheon und Amphitheater zu-
rück-

rückkehrt. Ich muß ferner die ausneh-
mende Geschicklichkeit der Albaner zu Athen
in den chirurgischen Operationen berüh-
ren. Ich sah einen dieser Landleute, der
mit einem sehr schlechten Scheermesser und
seinen Händen eine Operation vornahm,
und einem funfzigjährigen Manne mit einer erstaunenden Leichtigkeit und Genauigkeit den Stein schnitte. Von vielen hundert Personen, die er in seiner Cur gehabt
hatte, war nur einer gestorben. Die türkische Policey ist in diesem Stücke sehr vor-
sichtig. Der Patient muß dem Cadi oder
Richter des Orts die Erklärung thun, daß er
die Gefahr der Operation einsehe, daß er sich
derselben willig aussetze und daß er dem
Steinschneider die Folgen nicht zurechnen
wolle, ohne welche Erklärung man dem Arzt
einen Criminal-Proceß anhängen kann. Ich
sah' einen andern, der mit seinen Händen,
ohne ein chirurgisches Instrument alle
Brüche der Glieder heilte. — Itzt sollt' ich
von Marathon, von Eleusis und Megara
reden; von da, den Plutarch, Thucydi-
des und Xenophon in der Hand, den ganzen Pelopones, ein wegen so vieler gros-
sen Männer und sonderbaren Begebenhei-

ten

ten merkwürdiges Land, durchlaufen! daß war auch meine Absicht; aber die Krankheit, die ich zu Athen ausgestanden, hatte mir die Kräfte dazu geraubt.

Sechstes Capitel.

Reise von Athen nach Constantinopel.

Ich reisete also von Athen nach Constantinopel. Auf einem Boote aus der Insel Hydra eingeschifft, hatt' ich Musse, einige Oerter der Levante im Vorbeygehen in Augenschein zu nehmen, weil diese Fahrzeuge alle Abend, wenn sie können, an Land gehen. Ich kam zuerst auf eine kleine Insel in dem atheniensischen Meerbusen, heut zu Tage Phlabis genannt; die ich für die alte Insel Eleussa halte. Sie ist ganz wüste. Hernach kam ich in einen kleinen Hafen, in einem wüsten Orte der Insel Negropont, Paleocastro genannt. Man sieht daselbst die Ruinen einer alten venetianischen, itzt ganz zerstörten, Festung.

1) Be=

1) Beschreibung von Metelino.

Metelino, das alte Lesbos, das Vaterland der sanften Sappho, der berühmten griechischen Musiker Arion und Terpan-
der, des Geschichtschreibers Callias, ist
eine der schönsten Inseln im Archipel. Sie
ist gut angebauet und bringt Getraide,
Seide, fürtrefliche Früchte, Feigen, die in
der Levante am meisten geschätzt werden
und guten Wein hervor, der schon unter
den Alten bekannt war. Horaz ladet in
der siebenzehnten Ode des 1 Buchs ein,
davon zu trinken. „Hic innocentis po-
cula Lesbii duces sub vmbra, und Virgil Georg. L. II. „Non eadem ar-
boribus pendet vindemia nostris, quam
Methymneo carpit de palmite Lesbos.„
Methymna lag der Insel gegen Norden,
und Metelino gegen Osten. Der größte
Handel der Insel besteht im Oele, das,
wenn es gleich schlecht, doch in großem
Ueberfluß ist, und blos in Constantinopel
verkauft wird. Ich hatte anfangs einen
guten Begrif von dieser Insel, weil ich
am Rande des Ufers Palmbäume sahe.
Die Lage der Stadt und ihrer Gegenden

H 5

ist

ist sehr schön. Man siehet auf derselben
schöne, wohl angebauete Felder, wohl
besetzte Hügel, Gärten mit anmuthigen
Lust-Häusern. Der Hafen ist gut, die
Stadt verspricht viel, allein so bald man
herein kömmt, findet man sie kothig, die
Gassen enge, die Häuser schlecht gebauet,
wie alle Städte in der Levante. Die Einwohner sind durch den Handel, den sie treiben, bey guten Mitteln; die Weiber ge-
schwätzig, artig gekleidet, wie die von
Tine, und von schöner Gestalt. Ich habe
daselbst zwey blaue Augen, die allerschön-
sten in meinem Leben gesehen, welche eben
so viel Feuer hatten, als die schönsten Augen einer Armenierinn, die so schwarz sind,
wie Raben. Es giebt hier Bauplätze zur
Aufbauung der Galliotten für den Groß-
Herrn. Auf dieser ganzen Insel hab' ich
fein altes Denkmaal angetroffen.

Wir gelangten an ein Vorgebürge in
Asien von den Türken Baba und von den
Alten Lectum Promontorium genannt,
an. Hier ist ein kleiner türkischer Flecken,
wo man fürtrefliche Säbel und Messer
verfertigt.

2) Be-

2) Beschreibung von Tenedos *).

Est in conspectu Tenedos, notissima fama,
Insula dives opum, Priami dum regna
manebant. *VIRGIL.*

Diese sehr kleine, ganz bebauete und
an Weinbergen fruchtbare Insel, ist wegen ihres Weins, den man in Constantinopel sehr schätzt, reich. Auf der ganzen
Insel ist nur ein Flecken mit einem Schlosse, das den Eingang in den Hafen ver-
wehret. Den Ursprung ihres Namens
findet man bey dem Pausanias B. 10 Cap.
14. Man sieht hier einige Ueberbleibsel
von Säulen, die einzigen alten Denkmale,
die sich noch daselbst finden. Gegenüber
in Asien lag die Stadt Alexandrien in Troas,
und ein wenig weiter vorwärts Sigaeum
Promontorium, wo heut zu Tage das
erste Schloß der Dardanellen in Asien ist.
Man hat einen schönen Marmor mit einer
Innschrift

*) Die Insel Tenedos hieß vorzeiten Leu-
cophrys. Ihren itzigen Namen hat sie
von dem tapfern Tennes, einem Sohn
des Königs Cycee, der eine Colonie dahin
führte, und daselbst eine Stadt bauen
ließ, die er nach seinem Namen Tenedos
nannte. Anm. d. Uebers.

Innschrift auf diesem Vorgebürge gefunden, der in England mit andern asiatischen Denkmalen ist beschrieben worden.
Ich gerieth nicht in Versuchung, wie
andre Reisende, Troja aufzusuchen, auf
deren Ruinen Alexander schon geseufzet
hatte: „Et Campos vbi Troia fuit,,
VIRGIL. Man sieht hier, wie man
mich versichert hat, einige römische Grabmäler und die Ruinen einer Pforte oder
eines Triumphbogens. Der Simois
und der Xanthus sind kleine reissende im
Sommer ausgetrocknete Flüsse; und ohne
die unsterblichen Gedichte des Homers,
würde dies Land mit so vielen andern,
deren Schicksale wir nicht kennen, vergessen seyn. Alexander, dieser berühmte
Märtyrer des Ruhms, fühlte wohl, daß
die Unsterblichkeit der Helden von den Dich-
tern und Künstlern abhänge. Er beweint
es, daß er keinen Homer habe, der seine
Thaten besingen könnte; Apelles und Ly-
sippus besaßen allein Geschicklichkeit genug, ihn durch die Maler- und Bildhauerkunst auf die Nachkommenschaft zu
bringen. Wie viele berühmte Handlungen
des Dschingiskan und andrer nordischen
Helden

Helden sind nicht, aus Mangel der Geschichtschreiber und Dichter in diesen Gegenden in dem Fluße der Vergessenheit
vergraben; und wer hat die Epochen der
Königreiche Mexico und Peru, der Reiche
der Incas, deren zerstörte Denkmale ihre
erste Größe noch zeigen, beschrieben? Man
sehe den Abt Goguet von dem Ursprung
und Fortgang der Künste und Wissenschaften nach.

Ich erblickte das erste Schloß der europäischen Dardanellen, den Hellespont der
Alten. Der Durchgang ist weder so enge,
noch sind die Schlösser so befestigt, noch
die Canonen so ungeheuer groß, als es
einige Reisende vorgeben, die in ihren Er-
zählungen die Sache oft vergrössern. Das
Schloß ist ziemlich groß und bevölkert, und
die darinn wohnenden Türken sind sehr
freundliche und gute Leute. Die umliegenden Gegenden sind angenehm, aber
die nach Asien hin, sind schöner und an
der Meerenge fruchtbarer. Die zweyten
Schlösser der Dardanellen sind an dem
engsten Orte des Hellesponts. Hier war
das alte Abydos und Sestos, wo der unglückliche Leander das Opfer seiner Liebe
wurde.

wurde. Nichts drückt die Stärke der Liebe und der Sehnsucht mehr aus, als: „Par-
cite dum subeo; mergite dum redeo!„
OVID. Hier war es, wo Xerxes seine
Armee auf einer Brücke über den Hellespont setzte, und sich von den Wellen für
beleidigt hielt, weil sie diese abgerissen
hatten. Man sieht in der Stadt des asiatischen Schlosses einige zerbrochene Säulen und einen runden Altar nach römischer
Art. Sie ist ziemlich groß und artig angelegt. Der französische Consul wohnet
hier. Es giebt hier viel Griechen; die
umliegenden Gegenden sind sehr schön,
und man bauet daselbst guten Wein.
Das Schloß wird von den Türken für
unüberwindlich gehalten, allein zwey Krie-
gesschiffe könnten es einnehmen. Alle
Batterien sind mit der Fläche des Wassers gleich. Es giebt da Geschütz von
vierzig Fuß lang, und einige Kanonen, deren steinerne Kugeln hundert und
funfzig Pfund wiegen. Hierauf sah' ich
Gallipoli, eine ziemlich große Stadt, welche an den Ufern des Propontis, das heut
zu Tage das Meer von Marmora oder das
weiße Meer genannt wird, liegt. Es sind
hier

hier mehr Griechen, als Türken. Sie ist
die letzte Stadt, welche das griechische
Reich vor dem Verlust Constantinopels
verlohr. Soliman I. nahm sie 1357.
weg. Die Alten nennten sie Callipolis.
Gegenüber in Asien liegt ein von Türken
bewohnter Flecken, Chardat. Hier war
das alte Lampsacus, das Xerxes dem The-
mistocles gab, um ihn mit Wein zu ver-
sorgen; das Vaterland des geschickten So-
phisten Anaximenes, der es von dem Zorn
des Alexanders errettete. Man sehe den
Pausanias B. 6. C. 18. Es giebt daselbst
noch einige alte nach dorischer Ordnung
ausgehölte Säulen, die das Gesimse,
das wahrscheinlich ein Ueberbleibsel eines
Tempels ist, stützen. Die Insel Marmora
ist das alte Proconnesus. Endlich wurd'
ich die sieben Thürme von Constantinopel,
ein altes Schloß, das die Staatsgefan-
genen und die Schätze der ottomannischen
Pforte aufbewahrt, und kurz darauf die
Spitze des Serrails, gewahr, und ich
übersah vollkommen mit einem Blick, diese
unermeßliche, aus vielen Städten bestehen-
de, Hauptstadt; denn in Asien sieht man
Scutari, in Europa von einer Seite des
Ha-

Hafens das ganze Viertel des Serrails
und die ganze Stadt, von der andern
Seite die Städte Galata, Tophana und
die ganze Vorstadt Pera. Dieser Anblick ist sehr schön, und übertrift den
von Neapolis, weil die Mischung der mit
verschiedenen Farben angestrichenen Häuser; die mit vergoldetem Bley gedeckten
Thürme und Kuppeln an den Moskeen;
die dazwischen gesetzten Cypressen; die an
dem Canal des schwarzen Meers langge-
setzten Landhäuser, weil alles dies zusammen genommen eine weit mannigfaltigere
und sonderbarere Aussicht giebt, als der
Neapolitanische Meerbusen. Hierzu kommt
noch die Verwunderung eines Fremden
über die Verschiedenheit der Gebäude, der
Trachten, und der in dem Hafen sich be-
findenden Schiffe und Fahrzeuge, die das
Erstaunen des neu Angekommenen sehr
vermehren. Indessen sind Portici und
Sorriento in der Nähe viel besser als Alles
dies, und ihre Hügel sind weit angenehmer
als die Ufer des Canals am schwarzen
Meere.

Siebentes

Siebentes Capitel.

Beschreibung von Constantinopel.

Constantinopel, vor Zeiten die Residenz
der griechischen Kayser und die Hauptstadt ihres Reichs, man könnte noch hinzusetzen, der Unwissenheit, der Schwärmerey
und der Vorurtheile, ist heut zu Tage die
Hauptstadt im ottomanischen Reiche *).
Sie ist noch der Sitz der Barbarey, allein
das sie itzt beherrschende Volk, hat vielleicht eben die Schwäche des Geistes, aber
nicht

---

*) Die Stadt Constantinopel ist von unge-
meiner Größe. Herr Thevenot nimmt
an, daß sie zehn bis zwölf Meilen im Umfang habe, Spon vierzehn, und Tournefort giebt ohngefähr drey und zwanzig
Meilen an, die Vorstädte nicht mitgerechnet. Wenn man aber die Vorstädte Galata, Ejup, Pera, Tophana mit zu dem
Umfange der Stadt rechnet; so beläuft sich
die Größe derselben ohngefähr an die vier
oder fünf und dreyßig Meilen. Man muß
aber dieß Alles von französischen Meilen verstehen. — Die Anzahl der Einwohner von
Constantinopel schätzt man auf acht mal hundert tausend Seelen. Anm. d. Uebers.

I

nicht eben die Laſter des Herzens, mit welchen die Griechen des ſpätern Kayſerthums
befleckt waren. Man zittert, wenn man
in der Geſchichte des ſpätern Kayſerthums
vom Herrn le Beau die Schandthaten lieſet, welche die Prieſter und Günſtlinge die
ſchwachen griechiſchen Kayſer haben begehen laſſen. Die Türken nennen dieſe
Hauptſtadt Stambol*). Ihre Lage zwiſchen
dem weißen und ſchwarzen Meere, die
Schönheit ihres Hafens, der an die beyden ſchönſten Theile der Erdkugel, Europa und Aſien grenzet, ſcheinen ſie zu
ihrer Hauptſtadt und Beherrſcherinn beſtimmt zu haben. Jeder von den beyden in
Conſtantinopel herrſchenden Winden öffnet
den einen Eingang ins Meer, und ſchließt
den andern zu; denn mit dem Südwind
laufen alle Schiffe, die von Abend und
Mittag kommen, in den Hafen ein; mit
dem Nordwind iſt der Handel in dem
ſchwarzen Meere offen, und die Schiffe
aus der Tatarey, der Moldau und Walachey
führen eine Menge Lebensmittel von allerley Art, Rußlands Pelzwerk, Armeniens

Kupfer

*) Eigentlich heißt ſie bey den Türken
Iſtambol. Anm. d. Ueberſ.

Kupfer und andre Reichthümer längst dem Bosphorus ein.

Dies ist, wenn man genau reden will, Alles, was in dieser ungeheuren Stadt zu sehen ist; und der Engländer, der an dem Rande des Ufers sein Schiff umdrehete, gieng, da er die Lage betrachtet hatte, zu rechter Zeit weg, um einen guten Begriff von Constantinopel mitzunehmen; denn sobald man in die Stadt kommt, muß man die hohen Begriffe aufgeben, welche man bey der Ankunft sich macht. Schlecht ge- pflasterte, kothigte Straßen, mit hölzernen Häusern besetzt, die wie die Häuser der Juden in Livorno und Frankfurt am Mayn, gebauet sind, deren kleine nach der Straße herausgehende Erker sie noch dunkler und enger machen, sind der Ge- genstand des Abscheues und des Mißver- gnügens, die man gleich anfangs em- pfindet. *).

J 2   Indessen

*) Was der Herr Verfasser hier von dem Innern der Stadt sagt; findet man auch eben so von Tournefort und Spon be- merkt. Es giebt nur eine einzige Straße, die noch leidlich gebauet ist. Viele Straßen sind auch gar nicht einmal gepflastert. Die Häuser

Indessen giebt es hier doch auch einige
Schönheiten. Die Bezesteins und die
Kans, deren Bestimmung ich in der Beschreibung von Smyrna erklärt habe, die
Moskeen, die Lusthäuser des Großherrn,
und andrer Großen seines Hofes, die öffentlichen Bäder, einige Fontainen, übertreffen
die Erwartung, die man sich nach den übrigen Heßlichkeiten der Stadt gemacht hat.
Es giebt Bezesteins von einem ungeheuren Umfang, die von vielen Straßen
durchschnitten sind, ganz mit einem Dach
bedeckt. Sie werden alle Abend mit guten
Thüren verschlossen. In drey hundert Buden kauft man die besten und wohlfeilsten
Waaren. Der zu Materialwaaren bestimmte
Bezestein ist wegen seiner Länge prächtig; der,
wo man die Kostbarkeiten verkauft, setzt
durch die Reichthümer, die er in sich
schließt, in Verwundrung; der, wo man
die Waffen und Equipage der Pferde verkauft, war zu meiner Zeit, vor der Eröff-
nung des Feldzugs gegen Rußland, mit
Waaren und Käufern gut versehen, um so
viel mehr, als man alle Griechen im Reiche
ent-

Häuser sind klein und nur zwey Stockwerk
hoch, aber stark bewohnt. A. d. Uebers.

entwaffnet hatte. Die Kans sind prächtig, und es giebt welche von sehr großem
Umfange. Viele wurden durch das letztere
Erdbeben sehr beschädigt, das sonsten keinen großen Schaden gethan hatte, wann
ich die Thürme ausnehme, die wegen ihrer
gegen ihre Dicke unproportionirten Höhe
dem Einfallen sehr unterworfen sind. Die
ganz hölzernen Häuser in Constantinopel fallen nicht leicht ein, ihre Leichtigkeit und immer
fest zusammengefügte Balken, machen sie
gegen die unterirdischen Stöße so dauer=
haft, als ein Schiff gegen die Wellen
des Meers ist; man beunruhigt sich auch
wegen dieser Plage eben nicht sehr. Die
von dem Großherrn oder von einem aus
der ottomannischen Familie gebaueten Kans
haben, wie alle Gebäude, die sie aufführen
lassen, das Unterscheidungszeichen, daß
die Dächer mit Bley, die übrigen aber nur
mit Ziegelsteinen gedeckt sind. Die öffentlichen Bäder befinden sich in allen Vierteln
der Stadt; sie sind sehr reinlich, mit schönem Marmor gepflastert, mit artigen Kuppeln, die durch viereckigte Glasscheiben
Licht hineinbringen, bedeckt, und in drey
oder vier Zimmer von einem verschiednen

J 3   Grade

Grade Wärme eingetheilt. Die Wärme
wird durch Röhren hineingeführet, die von
dem Ofen bis oben an die letzte Kuppel an
der Mauer des Bades herauf gehen. Es
giebt in Privathäusern welche, die mit
Laubwerk, Blumen und anderer Bild-
hauerarbeit dieser Art ausgezieret sind.
Denn es ist bekannt, daß die Türken keine
Abbildungen von Menschen und Thieren
machen dürfen; ein Verboth des Maho-
mets, wodurch er der Abgötterey vor-
beugen wollte, wozu die Morgenländer
immer von ihrer zu sehr erhitzten Einbildungskraft, welche die Gegenstände der
Einbildung zur Würklichkeit bringt, sind
verleitet worden*). Die Fontainen sind
ebenfalls ziemlich häufig, wenn man gleich
in

---

*) Es giebt noch einige Moskeen in Constan-
tinopel, die mit Figuren von Menschen und
Thieren versehen sind. Die Türken halten
den Bildhauer, der diese Figuren gemacht
hat, für höchst unglückselig, weil am Tage
des Gerichts, nach ihrer Meynung, ein
jedes Bild zu ihm kommen, und seine Seele von ihm fodern würde. Gott würde ihn
auch strafen, weil er in diesem Stücke der
Allmacht habe nachahmen wollen. Anm.
d. Uebers.

in jedem Viertel der Stadt, wie in Paris,
Waſſerträger findet, und die großen Häuſer ihren eigenen, blos zu ihrem Dienſte
beſtimmten Waſſerträger haben; weil bey
den Türken, wegen der häufigen Reinigungen, Bäder nothwendig ſind, und weil das
Waſſer ihr einziges Getränk iſt, viel Waſſer verbraucht wird. Die Fontainen ſind
niedlich, ſie ſpringen nicht, aber viele Häh-
ne verſchaffen Waſſer, wenn man es verlangt.
Sie ſind von Marmor, und die meiſten
führen zur Ehre des Stifters eine Innſchrift von goldenen Buchſtaben.

Die ſchönſte und größeſte Moskee iſt
der alte Tempel der heiligen Sophie. Dies
iſt ein Gebäude, das weder an Schönheit
noch an Größe keiner als der Peterskirche
in Rom und der Paulskirche in Londen nach-
giebt. Dieſe Kirche wurde anfangs vom
Conſtantin gegründet, und in dem Auf-
ruhr der Venetianer und der Paſixen ver-
brannt; Juſtinian bauete ſie hernach wieder auf. Man ſehe den Procop. de bello
Perſ. B. 1. nach. Dies iſt das beſte, was
dieſer Kayſer in ſeiner Regierung that;
denn die ungeheure Menge Geſetze, womit
er ſeine Digeſten, ſeinen Codex und No-

J 4   vellen

vellen anfüllte, hat der Chicane Thür und
Thor geöffnet, und die abscheuliche Brut
der Advocaten in Europa eingeführt. Dü
Loir erzählet in seiner Reise nach der Levante, daß er den gewölbten Gang, der
um das Innere der Kirche gehet, zwey
und dreyßig Fuß breit, und die große Thür
achtzehn Fuß hoch befunden habe. Die Kuppel wird von vier großen, sieben und vierzig
Fuß breiten Pfeilern gestützt; sie hat sechs
und achtzig Fuß im Durchschnitt. Das
Gewölbe der Kuppel ist außerordentlich
frey und platt, freyer und platter, als irgend ein anderes, das ich gesehen habe.
Es ist von geschnittenen, mit eisernen
Klammern zusammengefügten Steinen, in
dem Styl des spätern Kayserthums mit
mosaischer Arbeit bedeckt. Die Gallerien,
die ganz um das Innere der Kirche herum
gehen, sind drey und funfzig Fuß breit
und ruhen auf vier und sechzig Säulen,
die achtzehn Fuß hoch sind. Unter den
Gallerien sind zwey und funfzig Säulen
von weißem Marmor und über der Thür vier
kleinere von Jaspis. Die größeste Länge
inwendig in der St. Sophien Kirche ist
zwey hundert und neunzig Fuß; die größeste
Breite

Breite zwey hundert und sechzig Fuß; die
Breite des Hauptschifs hundert und zwanzig; die Breite der Kuppel, unten in der
Kirche hundert fünf und dreyßig, die inwen-
dige Höhe bis zur Spitze der Kuppel hundert und fünf und achtzig Fuß. Ich hab'
alle diese Maaße von dem Herrn Doctor
Mackenzsie, dem bey dem englischen Gesandten stehenden Arzt, der seit seinem beständi-
gen Aufenhalt in Constantinopel von fünf
und zwanzig Jahren Gelegenheit gehabt
hat, ihre Richtigkeit zu untersuchen. Er
hat mich versichert, daß in der St. Sophien
Kirche überhaupt hundert und sechs und
siebenzig Säulen wären. Die Baumeister
dieses prächtigen Tempels, das einzige
Denkmal, das diesem sechsten sonst so fin-
steren und in Wolken verhüllten Jahrhun-
dert, Ehre macht, sind Anthemius und
Isidorus, deren Geschmack und Talente
in die schönen Zeiten, wo die Künste in
Griechenland blüheten, sich scheinen zurück
gezaubert zu haben. Die Gestalt der Kirche ist ein griechisches Creuz. Die Türken
haben sie itzt zu ihrem Gottesdienste eingerichtet, alle Bilder aus derselben da weg-
geschaft, wo sie ohne Gerüste haben hin-

J 5   kom-

kommen könnten, und vier Thürme an den
vier Ecken, und ein Bad an der Seite der
Kirche gebauet. Viele Zierrathen sind
schon von außen abgenommen worden.
Die vier aus vergoldetem Erz gegossenen
Pferde, die man auf der St. Marcus Kirche in Venedig, und die schönen Marmorsäulen, die man inwendig in dieser Kirche
sieht, sind aus der Sophien Kirche her-
gebracht.

Die Moskee des Sultans Achmed I. ist
nach der St. Sophien Kirche die schönste *). Dies ist ein sehr schönes Gebäude,
und ich würde in eine nicht geringe Ver-
wunnrung gesetzt, wie ich eine so schöne
Kuppel von türkischen Händen gebauet sah.
Man merkt gleich, daß die St. Sophien
Kirche ihr zum Modell gedient habe. Es
sind viel schöne antike Marmorsäulen in
dieser Moskee angebracht, und fürnemlich ist auf dem Hofe ein gewölbter Gang,

der

*) Dieser Tempel ist einer von den ansehnlich-
sten in Constantinopel und hat einen großen
Thurm. Nach Spons Beschreibung
ruht das Gewölbe auf vier Pfeilern, und
hat wenigstens sechzig Fuß im Umfang. Die
Pfeiler oder Säulen sind von weißem Marmor. Anm. d. Uebers.

der ganz herum geht und auf den schönsten
Säulen des Alterthums, von Porphyr
und afrikanischem Marmor, ruhet. Sie
sind über ihren Basen mit ehrnen Ringen
eingefaßt; ein zur Erhaltung der Säule
sehr guter Gebrauch, der zugleich zur
Zierde viel beyträgt. Die Türken haben
es mit allen antiken Säulen, die sie verfertigt, so gemacht. Das Mausoläum
des Sultans Achmed, auf türkisch Turbe
genannt, hat ebenfalls eine schöne Kuppel.
Man sieht darinn das Grabmaal des Sultans, die Särge aller seiner Kinder und
Verwandten und Turbans darüber; das
ganze Gebäude ist sehr kostbar, die Särge
sind mit weißem Tuch bedeckt.

Die, vom großen Soliman erbauete,
Solimanie, entspricht den hohen Begriffen
dieses Fürsten. Sie ist groß und schön,
mit den prächtigsten Säulen geziert. Ihr
Gewölbe ist sehr erhaben und ihre Bauart
ist sonst den übrigen Moskeen ähnlich.
Auf dem Hof sind zwo Säulen von Porphyr, die dicker sind, als irgend eine, die
ich von diesem Steine in Rom gesehen *).

Das

*) Von allen Moskeen zu Constantinopel
kommt

Das Serrail, oder der Pallaſt, den der
Großherr bewohnt, iſt nicht ganz zu ſehen.
Die Wohnung der Maitreſſen, oder der Harem, und die Gärten kann man auch nicht
ſehen. Man bemerkt beym Eingange des
Thors die Bäume in den Gärten, und einige Kiocs oder Zelter, deutlich. Die
Bäume ſind traurige Cypreſſen, welche
die Türken ſehr lieben. Ich habe darinn
den Divan, den Audienzſaal des Großherrn und die Münze geſehen. Der
Divan iſt im zweyten Hofe. Dies iſt
ein mittelmäßig großes, mit einer Kuppel bedecktes, Gebäude. Der Audienzſaal
und der Thron ſind herrlich. Der Thron
ruhet auf vier goldenen, reich mit Diamanten

kommt keine dem Tempel der heiligen Sophie mehr bey, als die Solimanie. Von
außen iſt ſie noch prächtiger als der Tempel
der heiligen Sophie; ſie hat große und
wohl angebrachte Fenſter. Das ganze Gebäude iſt von den ſchönſten Chalcedoniſchen
Steinen aufgeführt. Auf der Ebene der
Moskee geht von außen ganz eine Gallerie
herum, welche von Marmorſteinen unter-
ſtützt wird; und in der Mitte ohngeſähr
eine halbe Elle hoch, befinden ſich eine unzählbare Menge Lampen. Anmerk. des
Ueberſ.

manten und Perlen besetzten Säulen. Die
Zierathen des Himmels über dem Thron,
sind an feinen Perlschnuren aufgehängte
Straußeyer. Allein alle diese Reichthümer sowohl als die Schönheit der Tapeten
stralen nicht hervor und fallen nicht in die
Augen, weil der Saal zu dunkel ist. Die
Münze ist wie die unsrigen eingerichtet, und
hat nichts außerordentliches an sich.
Man schlägt darin schlechtes Geld, wie
sonst an andern Orten. Alle Gebäude, die das Serrail ausmachen, sind nur
ein Stockwerk hoch, um den Erdbeben desto besser widerstehen zu können.
Das alte Serrail ist nicht so schön.
Man bringt die Gemahlinnen, Maitressen
und Kinder der verstorbenen Sultans dahin. Es ist nicht weit von der Moskee,
Sultan Bajazet, entfernt *).

Die

*) Der Herr Verfasser giebt uns hier eine sehr
kurze Beschreibung vom Serrail. Ich will
daher noch einiges hinzufügen. Das Serrail, welches von Mahomed II. erbauet ist,
hat ohngefähr ein und eine halbe deutsche
Meile mit dem dazu gehörigen Garten im
Umkreis, und liegt in der angenehmen Gegend, wo ehemals Byzanz gestanden hat.

Das

Die Griechen bewohnen das gegen
Abend liegende Viertel, Phanar genannt.
Dies Viertel ergab sich auf Gnade und
Ungnade, da Mahomed der Zweyte Con-
stanti-

Das Aeußre des Serrails ist gar nicht an-
sehnlich, und man kann vermuthen, daß
das Innere desselben eben so wenig kostbar
sey. Denn die Türken wissen eigentlich
nicht, worinn die Pracht der Gebäude bestehet. Sie haben gar keine Begriffe
von wahrer schöner Baukunst. Die Moskeen, die sie haben, sind nicht ihre Er-
findung, sondern sie sind nach andern
Modellen gebauet. Das Serrail besteht
nicht in einem Pallast, sondern es ist eine
Reihe von Gebäuden, die nach und nach
von den Kaysern sind an einander gehängt
worden. Die Kostbarkeiten im Serrail sind
alle aus fremden Ländern herbey geschaft.
Was die innern Gemächer des Sultans und
der Sultaninnen betrift, davon kann man
nicht viel sagen, weil vielleicht noch kein
Europäer in diese innern Gemächer gekommen ist. Die Lady Worthly Montague
hat einige türkische Damen vom ersten Range, die Gemahlinn des Großviziers und auch
eine verwittwete Sultaninn besucht, und
bey dieser Gelegenheit Nachrichten von den
innern Gemächern und der Art zu leben des
türkischen Frauenzimmers gegeben, die man

in

ſtantinopel einnahm, und er ließ ihnen
aus dieſer Urſache alle ihre Kirchen, während daß er die übrigen in Moskeen ver-
wandelte. In demſelben iſt die Patriar-
chalkirche. Es iſt aber ein ſchlechter und
kleiner Ort. Die Häuſer haben gar
kein Anſehn, und es iſt nicht erlaubt,
ſie anzuſtreichen. Die Ruinen, die man für
Ruinen des kayſerlichen Pallaſts ausgiebt,
ſind vielmehr Ueberbleibſel vom Pallaſt des
Beliſars, denn man findet daſelbſt auf verſchiedenen Stücken Marmor ſeinen Namen.

Wir kommen nun auf die verſchiedenen
Alterthümer von Conſtantinopel. Die
Rennbahn, von den Türken Almeidan genannt, war vor dieſem ein Kreiß von
fünf hundert und funfzig Schritten lang
und hundert und funfzig breit. Man ſiehet

in ihren unterhaltenden Briefen findet, welche in der franzöſiſchen und deutſchen Ueberſetzung in aller Händen ſind. Wer eine
umſtändliche Nachricht und Beſchreibung
vom Serrail zu leſen wünſcht, den verwei-
ſe ich auf Spons und Whelers Beſchreibung,
und nächſt dieſen auf Tournefort Tom. I.
pag. 494 u. f. und Taverniers Beſchreibung des Serrails. Anm. d. Ueberſ.

het daselbst einen Obelisk von rothem
Granitstein, der in Vergleichung mit den
Obelisken in Rom ein Zwerg ist, ein wah-
res Sinnbild des Reichs zu der Zeit, da
man ihn aufrichtete. Man hat mir gesagt, daß er sechzig Fuß hoch wäre. Er
ist auf einem halb in der Erde stehenden
Fußgestelle von Marmor, welches das
Basrelief und die Innschriften unverständ-
lich macht. Indessen kann man soviel
sehn, daß sie in einer ausländischen
Sprache abgefaßt sind. Der Kayser Theodosius richtete ihn auf. Die aus Erz gegos-
sene dreyeckigte Säule von drey um einander gewundenen Schlangen ist zerstört;
man sieht nur noch die Körper davon, sie
ist mitten in der Rennbahn. Am andern
Ende ist ein hoher viereckichter Pfeiler, der zerstört und im Begriff ist einzufallen; er ist daher dem Anblick und der Simmetrie zuwider, und von Constantin VI. aus dem Stam-
me der ersten griechischen Kayser errich-
tet. Sein Anblick brachte mich auf die
Fabel vom aufgeblasenen Frosch und
Ochsen *).

Nicht

*) Almeidan, welchen die Griechen Hyppodro-
mus

Nicht weit von der Rennbahn ist ein
alter Schöpfbrunnen mit gothischen Gewöl-
ben, die auf zwey hundert und vier und
zwanzig Säulen ruhen. Auf vielen dieser Säulen habe ich die Buchstaben K. N.
bemerkt,

mus nennten, war die Rennbahn zur Zeit
der orientalischen Kayser, wo man allerhand öffentliche Spiele anstellte. — Der
Obelisk ist eine schöne viereckigte Pyrami-
de, aus einem Stück gemacht. Er ist von
gesprengtem Egyptischen Marmor, und mit
einer großen Anzahl unterschiedener Charactere und hieroglyphischer Bilder aus-
geziert. Auf der einen Seite sieht man
den Kayser Theodosius mit einer Krone in
der Hand, und einer Menge Soldaten,
die um ihn stehen. Unter ihm befindet sich
ein chorus musicus, so auf allerhand Pfeifen spielt, und ein gewisses Wasserinstru-
ment, das nach Art einer Orgel verfertigt
ist. Auf der andern Seite sitzt Theodosius
auf einem Throne nebst seinen beyden Söh-
nen Honorius und Arcadius. — Dies
ist die Beschreibung des Spons vom Obelisk. Eine weitläuftigere Beschreibung
von dieser Rennbahn, dem Obelisk und den
daselbst befindlichen Statüen, findet man
beym Gyllius de topographia Constant.
L. II. Cap. XI. Seite 120. der Elzevirischen
Ausgabe. Anm. d. Ueberf.

K

bemerkt, welches mir glaublich macht,
daß diese Schöpfbrunnen von dem Kayser
Nicephorus sind erbauet, oder wieder herge-
stellet worden. Dies alles zusammen macht
ein länglicht Viereck aus, itzt ist es ohne
Wasser, und man drehet die Seide darin,
wie man bey den Christen den Bindfaden
drehet; denn die Türken kennen die Be-
quemlichkeit und Sparsamkeit unsrer Sei-
denmühlen noch nicht. Die neuern Schöpfbrunnen sind heut zu Tage nahe bey diesen,
und sehr gut gebauet. Die Wasserleitung
ist noch die alte, vom Soliman wiederher-
gestellt, der Wien belagerte.

In diesem Viertel sieht man eine alte,
halb vom Feuer verzehrte und mit eisernen
Ringen festgemachte Säule. Sie scheint
von Porphyr zu seyn. Man giebt sie für
ein Constantin dem Großen zu Ehren er-
richtetes Trophäum aus.

Die Säulen des Marcianus und Arcadius konnt ich nicht in Augenschein nehmen, weil man durch türkische Häuser,
darinn sie verschlossen sind, und in die man
mir den Eingang verwehrte, gehn muß.
Spon, Wheler und le Bruyn geben die
Beschrei-

Beschreibung davon *). In den kleinen Städten, die am Ufer des schwarzen Meers liegen, sieht man hier und da einige Fragmente alter Denkmäler, abgestußte Säulen und Grundflächen. Allein dies sind Säulen, die nach keiner guten Proportion gebildet sind, weil sich der gute Geschmack niemals in diesem Lande eingefunden hat, es sey denn, daß es die alten oder neuern Griechen besessen hätten. Das kalte Clima Thraciens hat nie Feinheit und Geschmack hervorgebracht.

Zu Tophana sieht man von außen die Stückgießerey, die ein schönes Gebäude seyn soll. Es ist keinem erlaubt, hinein zu gehen. Man sieht von außen fünf runde Dächer, die es bedecken, und die Anzahl

K 2   der

*) Die Beschreibung, welche Spon und Wheler von der Säule des Marcianus geben, ist folgende: Man sieht diese Säule auf dem Platze der Janitscharen stehen, nahe bey dem Bade des Jerahim Bassa. Sie ist von gesprengtem Marmor, und hat ohngefähr funfzehn Schuh in der Höhe. Ihr Capital ist von corinthischer Structur. Auf demselben ist ein Quaderstück von ausgehauenem Steine, auf dessen Ecken vier Adler stehen. A. d. Uebers.

der Canonen, die man in kurzer Zeit darin gegoſſen hat, läßt auf ihre Größe
ſchließen. In dieſem Viertel iſt eine ziemlich artige Moskee. Zu Pera, dem Ort,
wo die fremden Geſandten und Miniſters
ſich aufhalten, iſt das Serrail der Iſch-
Uglans, oder jungen Leute, die man daſelbſt zum Dienſte des Großherrn in dem
Innern des Serrails aufziehet. Es iſt
eben ſo ſchlecht gebauet, als die übrigen
türkiſchen Häuſer *).

Caſſim Pacha iſt der Ort, wo das
Zeughaus, die Schiffe und Galeeren des
Groß-

*) Das Wort Pera iſt griechiſchen Urſprungs,
und bedeutet ſo viel als hinüber, jen-
ſeit. — Die Gegenden um Pera ſind
überall angenehm, und die Stadt ſelbſt iſt
gut angebauet. Man hat die Ausſicht nach
der ganzen aſiatiſchen Küſte, und dem Serrail des Großherrn. Der Herr Verfaſſer ſagt, daß die fremden Geſandten und
Miniſters ihren Sitz zu Pera haben. Tournefort aber in ſeiner Voyage du Levant,
berichtet, daß der polniſche und raguſaiſche
Geſandte nicht zu Pera, ſondern in Conſtantinopel wohnen. Uebrigens wird ſie
größtentheils von vornehmen Griechen bewohnt und hat eine geſunde Lnft. Anm.
d. Ueberſ.

Großherrn und die Getraidemagazine sind.
Zu Scutari siehet man eine schöne, von
dem regierenden Sultan Mustapha ge-
bauete Moskee.   Hier sind Fabriquen
in farbenen und Gold-Sammt. Die Handwerke sind wie die unsrigen beschaffen, aber
die Abrisse davon sind sehr schlecht.   Die
Stadt ist groß,   aber wenig bevölkert.
Hier halten sich die Caravanen aus Asien
auf.   In einer angenehmen Lage, dem
äußersten Theil des Serrails gegen über
außerhalb Scutari, liegt ein Lustschloß des
Sultans Amurath, welches in Trümmern
zerfällt,   seitdem dieser Kayser ist umge-
bracht worden.   Man zeigt noch da seinen
Bogen, seine Pfeile, Säbel und alle seine
Waffen, die in der That überaus schwer
sind.   Der Pallast ist gut gebauet, und
mit den schönsten Säulen und Marmor-
steinen von den alten chalcedonischen geziert.
Es ist Schade, daß er nicht weiter erhalten
wird; denn er hat völlig die ganze Aussicht nach Constantinopel hin, und seine
Gegenden sind sehr schön.   Hier lag das
alte Chrysopolis.   Man zeigt in einem
Flecken zwischen Scutari und dem äußersten
Ende von Chalcedonien, eine kleine grie-

K 3   chische

chische Kirche, wo man vorgiebt, daß
das chalcedonische Concilium, die herrschende und Hauptbeschäftigung der griechischen Kayser, sey gehalten worden: aber
anstatt drey'hundert und sechs und funfzig
grichische Bischöfe,die da sollen gewesen seyn,
haben kaum hundert und funfzig Platz *).
Zu Scutari ist ein Hospital für die Aussätzigen, aber ich sah niemand darinn.
Diese Krankheit ist sonsten in der Levante
noch nicht ganz ausgerottet, und besonders herrscht sie häufig in Candien.

Man sieht nicht die geringste Spur
mehr von dem alten Chalcedonien.
Man nannte sie mit Unrecht die Stadt der
Blinden, weil man ihre Lage der von
Constantinopel, die gegen über liegt,
und außer dem Hafen keinen Vorzug vor
ihr hat, vorzog. Denn sie hat die
Aussicht nach dem ganzen weißen Meere,
dem nicomedischen Meerbusen und den Inseln

*) Die Türken geben vor, daß hier das chal-
cedonische Concilium sey gehalten worden.
Allein diese Vermuthung bedarf noch einer
nähern Bestätigung. Man will aber eine
Meile davon, eine alte Inscription, die
auf diese Begebenheit passet, gefunden haben. Anm. d. Ueberf.

seln der kleinen Fürsten. Sie ist heut zu
Tage noch eine der schönsten und mahle-
rischsten Gegenden von Constantinopel.

Der Hafen bey Constantinopel ist einer
der größesten Hafen in der Welt, denn er
ist eine gute halbe Meile lang, auf eine Meile
breit, ein blosses Product der schönen Natur, wozu die Kunst nichts beygetragen
hat. Die süßen Wasser ergießen sich, an-
derthalbe Meile von der Mündung des
Meers entfernt, in denselben. Hier ist ein
Lustschloß des Großherrn auf einer schönen
mit Bäumen besetzten Wiese, die um Constantinopel so selten sind. Man hat daselbst kleine reizende Wasserfälle angeleget,
und alles dies zusammen zwischen zwo Reihen von Gebürgen eingeschlossen, macht
eine fürtrefliche Einöde aus. Constantinopel gegen Nordwest befindet sich Ock-
meidan, oder eine unfruchtbare Ebene,
wo man die Söhne des Großherrn auf einem Marmorsteine in freyer Luft beschnei-
det. Die Türken üben sich daselbst im
Jirid. Man sehe des Kantemirs ottoma-
nische Geschichte nach. Ejup, das Grabmaal eines ihrer Heiligen, (denn die Türken haben auch Heilige, dies muß den

Christen

Chriſten nicht mißfallen*) iſt der Ort, wo
man dem Großherrn den Såbel, der das
Zeichen ſeiner Salbung iſt, anſteckt.
Wollt' ich ſo weitläuftig, als Petrus
Gyllius in ſeinem Bosphorus thracicus
ſeyn, ſo würd' ich die Beſchreibung deſſelben ſobald noch nicht zu Ende gebracht
haben, allein das Vergnügen, ſein Buch ge-
leſen zu haben, iſt mir hinlänglich, und ich
bin zufrieden geweſen, dies Grabmaal einmal zu ſehen. Beſicktaſch iſt ein Luſt-
ſchloß des Großherrn, das ſo zu ſagen
beym Eingang des Bosphorus an Conſtantinopel reichet. Dies iſt das ange-
nehmſte Schloß des Sultans an den Ufern
des Canals. Ich ſah auf demſelben die
innere Einrichtung des Harem, und bemerkte, daß die Sultaninnen nicht viel
beſſer, als bey uns die Mägde wohnen.
Sie haben einen Saal, wo ſie ſich auf Sv-
phas verſammlen, jede ein kleines Cabi-
net, und am Eingange des Harems einen
großen Schrank, worinn ſie ihre Klei-
bungs-

*) Warum ſollt es ihnen eben mißfallen?
Vielleicht haben türkiſche Heilige oft
mehr Recht auf dieſen Namen, als manche
der chriſtlichen. Anm. d. Ueberf.

dungsſtücke aufbewahren. Doch ver-
muth' ich, daß dies nur ein Abriß des
Frauenzimmergemachs iſt, und daß ſie
im Serrail zu Conſtantinopel beſſer wohnen. Sonſten iſt glaublich, daß der
Großherr nur eine oder zwo Favoritinnen
dahin mit nimmt. Es iſt daſelbſt ein
fürtreflich Bad von weißem Marmor, mit
Blumen und erhabenem Laubwerk nach einem ziemlich guten Geſchmack gezieret;
ein Zimmer mit einer den Türken eignen,
mit Muſcheln und Perlenmutter ausgeleg-
ten Arbeit, ausgezieret.

Der Canal iſt überhaupt bis zur Mündung des ſchwarzen Meers ſechs Meilen
lang. Sein Anblick iſt ſehr abwechſelnd.
Die Seiten nach Aſien hin ſind viel beſſer
angebauet, und ſchöner als die nach Europa hin. Es ſind zwey Schlöſſer in Europa und zwey in Aſien, um den Durchgang zu verwehren. Sie ſind nicht ſo
ſchrecklich als jene, folglich nicht ſo erheb-
lich. Das erſte in Europa hat die erſte
Niederlaſſung der Muſelmänner in Europa zu wege gebracht, und von da aus
haben ſie angefangen, in das griechiſche

K 5   Reich

Reich zu dringen. Der Canal formirt
in der Mitte seiner Länge an der Seite von
Europa einen Meerbusen, an dessen Ufern
auf beyden Seiten die kleinen Städte Bu-
juckdere und Tarappia liegen, wo alle
Franken den Sommer zubringen, weil
sie in Asien nicht bleiben dürfen, wo die
Berge viel besser bewachsen, und der Anblick abwechselnder ist. Phanaracki ist das
letzte Städtchen in Europa, an der Mündung des schwarzen Meers. Es ist daselbst eine Seeleuchte, wie gegenüber in
Asien, um den Eingang in den Canal zu er-
leuchten. Neben diesem Städtchen sind
die Cyaneischen Inseln, die gar nicht
schwimmend sind, wie Strabo glaubt,
sondern vielmehr kleine feste und an einander hangende Felsen. Auf einer dieser Inseln sind die Fragmente der vorgegebenen
Säule des Pompejus von weißem Marmor. Man sieht, daß dies nur eine Seeleuchte zum Vortheil der Schiffarth im
schwarzen Meer, damals Pontus Euxinus,
war. Die Küsten des Hellesponts oder
der Dardanellen sind, was auch die Con-
stantinopolitaner davon sagen mögen, viel
schöner und angenehmer, als die Küsten des
Bos-

Bosphorus, für einen, der lieber eine
schöne Natur sieht als hölzerne Bara-
ken, deren Seiten mit dem Canal eingefaßt sind. Man kennet die Besitzer dieser
Häuser an ihren Farben, denn jede Nation die Türken, die Griechen, die Juden,
die Armenier haben eine verschiedene Farbe daran. Der Strom dieses Canals ist
sehr reissend, und die Schiffe können nur
mit einem sehr starken Südwind hinauf
fahren. Eine große Menge zerscheitert in
demselben.

Zu Burgas, bey dem Dorfe Belgrab,
drey Meilen von Constantinopel, ist eine
eben so schöne Wasserleitung, als die bey
Caserta nah an Neapolis. Sie stammt
noch von den Zeiten der griechischen Kayser her. Die Türken haben noch ein andre
eben so schöne auf der Seite gemacht, die
das Wasser nach Pera leitet.

Sieben-

Siebentes Capitel.

Vergleichung der neuern Griechen mit den alten, und wie sie die Türken nachahmen.

Reuerere gloriam veterem, et hanc ipsam se-
nectutem, quae in homine venerabilis,
in vrbibus sacra est.
PLIN. Ep. 24. Lib. VIII.

Das itzige Griechenland ist, in Vergleichung mit dem alten, ein Greis,
der in seiner Jugend ein Held war,
der in seinem hohen Alter kindisch wird,
und sich von dem Eigensinn seiner Magd
regieren läßt. Die Aehnlichkeit, welche
eben dasselbe Clima in dem Genie der Nation, in ihren Sitten, Gebräuchen
und Characteren, zu allen Zeiten hervor-
bringen müßte, ist durch die mit den Ein-
ländern vermischten Fremden, durch die
mannichfachen Revolutionen, fürnemlich
aber durch die unterdrückende Regierungsform, verändert worden. Und wenn uns
ein schwacher Schimmer bey den neuern
Griechen an den Glanz der Alten erinnert, so
sind

sind dies Strahlen, die denen gleichen, welche uns die Gegenstände in der Camera obscura verkehrt vorstellen. Ich habe mich bemühet, sie, so viel ich konnte, zu vereinigen, und ich kann sagen, daß ich mitten in der Sclaverey und der Erniedrigung die alte Freyheit und Größe der Seele aufgesucht habe *).

Ich habe mich anfangs von den Griechen entfernt, die sich in der Hauptstadt und

---

*) Man findet noch immer in den neuern Griechen den Geist der Alten. Ehrgeiz, Eitelkeit, Cabale und List, sind die Hauptzüge ihres Characters. So wie ehemals die Eifersucht beständige Kriege unter den verschiedenen Republiken anfachte; so sind auch die neuern Griechen beständig in Partheyen getheilet, die mit der erfindsamsten List unaufhörlich arbeiten, eine der andern Absichten und Entwürfe zu vernichten. Indessen hat die türkische Regierung itzt die Gegenstände der ehrgeizigen Eifersucht der Griechen sehr eingeschränkt. Sie sind von allem bürgerlichen Glücke ausgeschlossen, außer von den Regierungen der Walachey und Moldau und dem Amte eines Dragemanns oder Dolmetschers der Pforte. Diese Stellen werden allemal mit Griechen besetzt, und sind mit großer Würde und den

und näher an dem Throne niedergelassen
haben, ihre Ketten demüthiger küssen, und
sich bemühen, sie mit Blumen zu umwin-
den: und von denen, die, durch den
Reiz des Gewinnes hingerissen, in den
großen Handelsstädten der Levante wohnen.

Da
den reichsten Einkünften versehen. Alle
Griechen, die sich einiger Talente bewußt
sind, beeifern sich deswegen mit dem hitzig-
sten Wetteifer, diese höchsten Gegenstände
ihres Ehrgeizes zu erreichen. Man muß
über die scharfsinnigen, tiefen, mühsamen,
und anhaltende Entwürfe erstaunen, welche die
Prätendenten des Hospodorats der Moldau
anwenden, einer den andern zu verdrängen.
Eben so beschäftigt sind diejenigen, welche
sich dem geistlichen Stande widmen, ein
Bißthum, oder eines von den vier Patriar-
chaten zu erhalten. Die türkischen Mini-
stres ziehen die größesten Vortheile von dieser Eifersucht; denn diese geistliche Stellen werden allemal verkauft. Der Patriarch von Constantinopel behält seine Stelle
nur gemeiniglich drey Jahre. Kaum hat
er den Patriarchalischen Stuhl bestiegen;
so muß er sich auf demselben dadurch zu be-
festigen suchen, daß er sich die Gunst der
Regierung durch beständige Geschenke erhält; und seine Feinde arbeiten mit eben
den Mitteln daran, ihn zu stürzen. A.
d. Uebers.

Da ich von dem Grundſatz ausgehe,
daß alle Hauptſtädte des Erdbodens von
Ehrgeiz und Eigennutz bevölkert ſind
und daß dieſe beyden Leidenſchaften den
Character ihrer Bewohner bilden müſſen;
ſo bin ich dem Rathe des Johann Jacob
Roußeau gefolgt, welcher ſagt, daß, wenn
man die Franzoſen will kennen lernen, man
nach Tourraine und nicht nach Paris
gehen muß; ich habe die Charactere
der Inſulaner und der Einwohner Athens
beobachtet, die vom Throne entfernt und
außer der Laufbahn des Ehrgeizes bloß
an den Ackerbau und geringen Handel gebunden, origineller, ehrlicher und durch
die mohammedaniſche Religion weniger
verdorben ſeyn müſſen. Vergebens würde
man indeſſen den alten Heldenmuth, dieſe
erhabene Tugend, die Liebe zum Vaterlande, dieſe Größe der Seele, welche die
Freyheit allein einflößt, unter dieſem, itzt
unterdrückten Volke ſuchen, das den Werth
dieſer Freyheit und dieſer Tugenden nicht
erkennen kann, weil es keine Freyheit, kein
Vaterland beſitzt. Eben ſo wie man keinen Ageſilaus, Miltiades, Themiſtocles
oder Ariſtides unter den Iloten oder Sclaven

ven der Athenienſer würde gefunden haben.
Allein ich hoffte Spuren von jenen großen
Genies der alten Griechen, die alle andre
Nationen übertrafen, auch bey den neu-
ern zu entdecken; Spuren von dem Scharf-
ſinn des Geiſtes; von der Feinheit in der
Empfindung und dem Geſchmack, welche
die Künſte und Wiſſenſchaften bey den
Alten empor brachte; endlich von der Urba-
nität, die, wenn ſie gleich oft Falſchheit
und ſelbſt Untreue verbarg, ſie von den
Barbaren unterſchied.

Es iſt wahr, man entdeckt dieſe origi-
nellen und characteriſtiſchen Züge noch, die
ſchon dem erſten Abriſſe eines Gemäldes
die Aehnlichkeit geben. Doch dies ſind
dunkle, halb verloſchene Züge. So wie
ein Antiquar, um ein altes halbvermoder-
tes Basrelief zu erklären, verbunden iſt,
Arme und Beine hinzuzuſetzen, um das
Subject zu errathen. Wenn man nun unter den neuern Griechen keine Philoſophen,
keine Socrates und Platos mehr findet:
wenn ſie keinen Apelles oder Phidias
mehr haben; wenn endlich heut zu Tage
Alcibiades in Athen vergebens die alte Politeſſe und die Vergnügungen, die man zu
ſeiner

feiner Zeit genoß, suchen würde: so ist
es doch gewiß, daß sich auch unter den
neuern Griechen noch viele glückliche, wegen der Unterdrückung unbekannte Genies,
vortrefliche aber nicht entwickelte Talente
und eben die gefälligen Sitten finden, welche zwar oft nur die Falschheit verbergen,
wie Polybius B. 6. Seit. 693. seinen
Landesleuten zugestehen muß. Zum Beweise dieses Satzes ist es hinlänglich, zu bemerken, mit welcher erstaunenden Leichtigkeit sie die Sprachen ohne Anweisung lernen. Jeder spricht unter ihnen Griechisch,
Türkisch, Französisch und Italiänisch.
Niemand lernt tanzen, und ihre Frauens
tanzen nicht nur den griechischen Tanz, sondern auch die Menuet und alle englischen
Tänze mit vieler Anmuth und Accuratesse.
Sie verfehlen niemals den Tackt, sogar
bis auf die kleinsten Kinder, und diejenigen, die sich auf die Musik legen, welches
selten geschieht, bringen es in Kurzen sehr
weit darin. Ihre Ausdrücke sind ungemein
schmeichelhaft. Eine sonderbare Gefälligkeit gegen Fremde; viel Freymüthigkeit,
die von Furchtsamkeit entfernt ist; ein offen-
herziges Wesen, das den Eigennutz verbirgt;
das sind die besondern Züge des Characters

L   der

der neuern Griechen *). Die Weiber in
den Inseln sind frey, aber sittsam und ehr-
bar; davon nehme ich Argentiere und Paros aus. In Athen leben sie eingezogen,
und lassen sich fast niemals sehen. Sie
sind nach türkischer Art in ihren Häusern
eingeschlossen. Während eines mehr als
drey monatlichen Aufenthalts, hab' ich
nicht eine einzige griechische Frau von
Stande auf den Straßen, ja selbst nicht
in ihren Häusern, gesehen. Herr Cayrac,
ein reicher französischer Kaufmann in dieser Stadt, der eine Griechinn geheyrathet
hatte, wurde genöthigt, ihr auf dem Lande ein Haus zu ihrem Gebrauche bauen zu
lassen, wo sie von dem Umgang der Männer

*) Der Herr Verfasser redet hier nur von
den Griechen auf den Inseln, die, wie er
selbst sagt, weil sie mit den Türken weniger vermischt leben, unverdorbener und origineller sind. In Constantinopel sind die
Griechen gemeiniglich äußerst kriechend,
und fürchten sich vor den Türken außerordentlich, von denen sie deßwegen auch sehr
verachtet werden. Herr Niebuhr erzählt,
daß der vornehmste Grieche sich nicht wei-
gern dürfe, einem Türken, der ihm auf
öffentlicher Landstraße begegnet, auf das
Pferd zu helfen. Anm. d. Uebers.

ner abgesondert leben könnte; sie kam
auch niemals zum Vorschein.   So viel
vermag die Macht der Gewohnheit, daß
sie selbst die Sclaverey der Freyheit vor-
zieht! Die Griechinnen in Constantinopel,
sind durch den Umgang mit den Franken *), freyer und coquetter; sie suchen
zu gefallen, und haben gerne, daß man es
ihnen sagt; man muß ihnen aber die Gerechtigkeit wiederfahren lassen, daß sie sittsam und zurückhaltend sind, und daß
sehr selten ein Mädchen, noch weniger eine Frau, die Regeln des Wohlstan-
des überschreite.   Eben die Vorsichtigkeit
der alten Griechen, in Absicht der Weiber herrscht noch.   Sie reden nie von ihnen, weder Gutes noch Böses.   Wie jener
Lacedämonier einem andern, der die guten Eigenschaften einer Frau lobte, Vorwürfe machte, sagte er zu ihm: „Wirst
du nicht aufhören, eine ehrliche Frau zu
verläumden?„ Man weiß, daß die Alten
den Character eines ehrlichen Frauenzimmers nicht auf der Schaubühne duldeten,
und daß die weiblichen Rollen allemal von

L 2   Buhle-

*) Dieß ist der allgemeine Name aller Euro-
päer in der Levante.

Buhlerinnen hergenommen waren. Ihre Geschichtschreiber reden selten von Frauenzimmern. Sie wagten es nur im Verborgenen den Schauspielen in Athen beyzuwohnen, und hatten eine hohe Gallerie, die man Cercis nannte, wo man sie wenig sah. Es war ihnen bey Todesstrafe verboten, den Olympischen Spielen beyzuwohnen. Die strengen Lacedämonier konnten allein Mädchen nackend tanzen sehen, ohne einen Anstoß daran zu nehmen, und ohne daß die Schamhaftigkeit darunter litte.

Die heutigen Griechen sind noch so, wie uns die Geschichte die alten schildert, wenn sie gleich nach dem Lande, das sie bewohnen, verschieden, eifersüchtig und aus Patriotismus neidisch sind. Die zu Scios hassen die Römischcatholischen, und rühmen sich, daß sie den Garten der Türkey bewohnen. Die von Samos sind bäurisch, wenig civilisirt und rühmen sich freyer zu seyn, als die andern Griechen. Die von Micone und Tine, sind arbeitsam und reden von nichts als vom Handel. Zu Naxia ist man faul, und redet von Nichts als

als vom Adel, da man faſt für Hunger
ſterben möchte. Zu Paros ſind die Männer kränklich, und die Weiber ausgelaſſen.
In Athen rühmt man ſich noch der alten
Hoheit, und mit vieler Politeſſe und Höf-
lichkeit ſind die Athenienſer liſtig, fein und
verrätheriſch. Alle dieſe Griechen benei-
den ſich, und wollen lieber den Türken
unterthan ſeyn, als ſich einander vergröſ-
ſert ſehen, ſo wie wir die Alten bald die
Perſer, bald die Gallier, und endlich die Römer in ihr Land rufen ſehen, um ihre Nach-
baren zu ſchwächen, und ſich durch bürgerlichen Krieg innerlich aufzureiben. Es
ſcheinet, daß dieſe Nation dazu beſtimmt
iſt, ſich durch kleine Republiken wie in alten Zeiten ſelbſt zu regieren, oder das
Joch des Despotismus, wie heutiges Tages, zu tragen. Nie wird man in dieſem Lande eine Monarchie zu Stande bringen, ſo wie England lieber die Feſſeln
der Sclaverey tragen, als einen unum-
ſchränkten Monarchen erkennen wird. Die
Griechen ſind ſelbſt ihre Ankläger bey
den Türken, welche nicht begreifen können, wie ſich Landsleute ſo ſehr haſſen,
und unter einander chicanieren können.

L 3　　　Doch

Doch vor wenigen Jahren, gieng ein Pri-
vatmann von Naxias, welcher über die
Unterdrückung seiner Insel durch den Aga,
der daselbst regierete, unwillig war, nach
Constantinopel und legte dem Großherrn
selbst, der an dem Canal des schwarzen
Meers spazieren gieng, eine Klage gegen
den Aga vor. Man muß wissen, daß dieß
Unternehmen gefährlich ist, weil der Klä-
ger, wenn er nicht Recht bekommt, den
Kopf verliert. Wann endlich die Griechen
den alten Stolz in der Seele und den alten
Ruhm im Herzen nicht mehr haben: so
zeigt sich doch noch viel davon in ihrem
ganzen Wesen, welches sie sehr gut kleidet,
nach dem, was ein berühmter neuer Schriftsteller sagt, „daß ein Mensch, der Stolz
in der Seele nährt, ihn in seinem Wesen
nie äußre, und daß dieser Zwang den niedrigen und eitlen Seelen vielmehr eigen
sey“. Dieß ist die Ursache, warum die Engländer furchtsam und die heutigen Griechen stolz in ihrem Betragen sind.

Die alten Sprichwörter: Nulla fides
Graiis garrula gens Graium! bestätigen
sich noch immer. Die griechische Verän-
derlich-

derlichkeit ist in der ganzen Levante be=
kannt. Sie haben noch die Gewohnheit,
auf den gewölbten Straßen und auf den
Caffeehäusern zu schwatzen und zu faullen=
zen, wie die Alten. Wenn sie nicht Hel=
den sind, die des Homers seinen gleichen,
so sind sie doch vollkommen eben solche
Schwätzer.

Dies ist eine schwache Schattirung der
alten und neuern Griechen. Ihre Sitten
und Gebräuche, sind eine Vermischung
des Christenthums in den gottesdienstli=
chen Gebräuchen, und des Mohammedis=
mus in dem häuslichen Betragen und
der Kleidung. Wenige Gebräuche, die
Kleidung der Weiber, ihr Tanz, ihre
Sprache, die sich zu dem gelehrten Griechi=
schen verhält, wie das Italiänische, zum
Lateinischen, sind Erinnerungen an die Alten.

Ich werde mich nicht in eine Be=
schreibung der Gebräuche ihrer Religion
einlassen. Man weis, zu welchen Aus=
schweifungen sie die Schwärmerey für die
Beobachtung ihrer Fasten, und den Haß
gegen die Römisch=Catholischen treiben.
Ihre innere Einrichtung und Ausmeubli=

L 4   rung

rung ihrer Häuſer, ihre Gebräuche, Nahrung (bis auf den Wein, den ſie oft mit
Unmäßigkeit gebrauchen) ihre Trachten ſind
von den Türken, ihren Oberherrn, nachge-
ahmt. Einige Gebräuche, als die Gaſtfreyheit und ein vorſichtiges Betragen, haben ſich
von den alten Zeiten her erhalten. Sie
werden niemals einen Fremden, der ermü-
det und entkräftet von der Reiſe ankömmt,
nach der Urſach ſeiner Reiſe und Ankunft eher
fragen, als bis er gegeſſen und ausgeru-
het hat, und ſie ſind beſcheidener, als die
Sicilianer, wo man aus Mangel der
Wirthshäuſer ebenfalls zur Gaſtfreyheit
der Einwohner ſeine Zuflucht nehmen muß,
die einen aber eher vor Hunger ſterben lieſ-
ſen, als daß ſie ihrer unbeſcheidenen Neu-
gierde etwas abſchlügen. Die Alten waren ebenfalls gegen Reiſende unbeſchei-
den. Homer Odyſſ. Γ. ſagt:

$$Nυν \; δη \; καλλιον \; έςι \; μεταλλησαι \; και$$
$$έρεσθαι$$
$$Ξεινους, \; όιτινες \; έισιν, \; έπει \; ταρπη-$$
$$σαν \; έδωδης·$$
$$Ω \; ξεινοι, \; τινες \; έςε; \; ποθεν \; πλειθ'$$
$$ύγρα \; κελευθα; \; —$$

Die

Die Türken haben diese Gewohnheiten
auch angenommen, und man redet niemals bey ihnen von Geschäften, als bis
man den Caffee getrunken und eine Pfeife
geraucht hat. Die Art zu trauren, seine
Betrübniß zu bezeigen, ist noch die alte, daß sie nämlich ihre Kleider zerreißen,
und die Haare und den Bart wachsen
lassen.

Die Kleidung der Mannspersonen ist
wie der Türken ihre, den Turban ausgenommen, das Unterscheidungsmerkmal
der Muselmänner und die grüne Farbe,
ein Zeichen der Familie des Mohammeds *).
Die Kleidung der Weiber (ich rede nicht
von den Insulanerinnen, die sehr schlecht
gekleidet sind, sondern von den Weibern
in großen Städten) hat viel ähnliches
mit der alten, so wie sie uns die alten

L 5 Sta-

*) In der Türkey ist der Geschlechtsadel ganz
unbekannt. Nur die Nachkommen Mohammeds, welche sehr zahlreich sind, und
in Arabien Emirs heißen, haben verschiedne nicht sehr wichtige Vorzüge, und eine
Art von Adel. Der grüne Turban ist ihr
Unterscheidungszeichen, daher sie auch
Grünköpfe genannt werden. Anm. d.
Uebers.

Statüen und Herculanischen Gemälde
vorstellen. Ich habe in dieser Kleidung die Güte der Stoffe, und die schönen Tücher gefunden, welche die alten
Bildhauer ihren Statüen gaben, deren Nachahmung den neuern so schwer
ist. Diese glauben, daß die Alten die
Leinewand, womit sie das Maaß nahmen,
befeuchteten, um sie besser an den Leib zu
schliessen, die Falten zu vermehren, und sie
niedlicher und schöner zu machen. Jede
griechische Dame könnte in ihrer Kleidung
einer Juno, einer Muse oder was für
eine Göttinn auch der Künstler verlang-
te, zum Muster dienen. Sie tragen einen
Pelz mit einem gewissen Stoff überzogen;
das Anteri oder zweyte Kleid, ist von einem Levantischen seidnen Stoff, oder von
Seide und Baumwolle, meistentheils mit
einem schlänglichten Muster; aber ohne
den geringsten Gummi oder andere Zube-
reitung. Dieß macht mit der Weite des
Kleides eine Menge hübscher Falten, und
da es sich dichte an den Leib anschließt, so
lässet es die Gestalt desselben sehr gut bemerken. Ihr Busen ist nur bloß mit einem schlechten Nesseltuch, der gerade der

Schleier

Schleier der Alten*) ist, bedeckt. Da er
aber von Kindheit an, fast ganz in Freyheit ist; so haben sie ihn etwas zu voll, und
selten siehet man einen so proportionirt
gebildet, wie der mediceischen Venus ihren. Ihr Kopfputz ist fürtreflich aber simpel. Ihre Zierathen sind Blumen und einige Diamanten auf einem Band, Jemini
genannt, das um den Kopf geschlungen, und
mit Perlen durchflochten ist. Ihre vornehmste Schönheit besteht in schönen schwarzen
Haaren, die noch in ihrer natürlichen Schönheit und nicht mit graulichem Puder ver-
stellet sind, (eine Mode, welche die Alten,
die doch nicht alt scheinen wollten, unter
unsern Frauenzimmern eingeführt haben,)
und die geflochten bis auf den Gürtel herunter hangen. Ihre Schuhe und Strümpfe sind sehr häßlich, und von den Türken
entlehnt. Anstatt der alten Pantoffeln,
die einen niedlichen Fuß ganz nackend mit
seinen Reizen sehen liessen, tragen sie
große und weite Beinkleider, an denen
unten gelbe Halbstiefeln sind. Gehen sie
auf

*) Der nur gewebte Luft war, wie Petro-
nius sagt. Anm. d. Uebers.

auf den Ball, so tragen sie indessen Schuhe und Strümpfe nach französischer Art.

Der Tanz der neuern Griechen, hat mit dem Tanze der alten eine sehr in die Augen fallende Aehnlichkeit. Da ich den Romeca tanzen sah, — diesen Namen legen sie ihrem Tanze bey, — glaubt' ich in die gnoßischen Gefilde, oder in die Vorhöfe dieser Tempel versetzt zu seyn, wo das Frauenzimmer zur Ehre der Venus in Reihen tanzet. Verschiedene Schriftsteller haben von den gnoßischen Tänzen, Κνωσ-σια Σχηματα geredet. Sophokles thut ihrer in seinem Ajax Erwähnung. Homer macht uns in seiner Beschreibung des Schildes des Achilles die prächtigste Schilderung davon. Vulcan, sagt er, grub in demselben die Abbildung eines Tanzes ein, der dem ähnlich war, welchen ehedem Dädalus in dem großen Gnoßus für die Ariane mit den schönen Haarlocken erfand. Der Dichter verschweigt den Namen dieses Tanzes, allein man hat Grund zu glauben, daß es der ΓΕΡΑΝΟΣ, Geranos, war, von dem Julius Pollux redet. Er bestand aus vielen Tänzern, die an einander gestellet waren, und den Reihentanz formir-

formirten. An beyden Enden waren die
Corypheen oder Vortänzer. Er wurde
in den ersten Zeiten um den Tempel des
Theseus getanzet, um gleichsam die verschiedenen Umwege nachzuahmen, die dieser
Held gemacht, wie er aus dem Labyrinth
heraus gehen wollte. Man sehe den Julius Pollux B. 4. Cap. 14. nach. Wahrscheinlich wurde dieser Tanz Geranos oder
der Kranichtanz genennt, weil die Figur
des Reihentanzes den Flug der Kraniche
vorstellet, die mit vieler Ordnung, einer
an den andern geschlossen, truppweise flie-
gen, und eine Linie bilden, die einen
großen Raum umschließt und sich zuweilen
in verschiedne Figuren krümmet. Dieser
Tanz ist zuverläßig der Reihentanz, den
die neuern Griechen χορος oder den Romeca
nennen und der bey allen Griechen der
Levante üblich ist. In der Art, wie man
ihn tanzet, findet man die Schilderung
des Homers und die Beschreibung des
Pollux in der größesten Genauigkeit und
Richtigkeit wieder. Die Frauen, (denn
selten mischen sich einige Männer ein,) fassen sich blos an der Hand, oder formiren
durch ihre in einander geschlungene Arme
eine

eine Kette. Homer scheint diese zwote
Art durch den Vers, der sich auf den
gnoßischen Tanz beziehet, ausdrücken zu
wollen: ὀρχεοντ᾽ ἀλλήλων ἐπι καρπω
χειρας ἐχοντες. Iliad. L. V. 590 · 605.
Man hat mich versichert, daß er jetzt in
Candia noch mehr im Gebrauch wäre, als
in den übrigen Ländern der Levante, und
die Candier werden für die geschicktesten
Tänzer unter den Griechen gehalten. Der
Romeca fängt sogleich mit den ζυγανος,
Zyganos, nach Art einer Gique in vier
oder zwölf Achtel Tacten wie der Sicilene,
aber überaus langsam, an. Die Tänze=
rinnen sind an einander geschlossen, indem
sie sich blos die Hand geben oder jede an
dem Zipfel eines Schnupftuchs anfassen.
Dies stimmt mit der Uebersetzung der Home-
rischen Verse von Sylburg überein: Sal-
tabant alterna manu, seu vincla tenen-
tes; er endigt sich endlich mit dem χορος,
der auch nach vier Tacten abgemessen, aber
geschwind und sehr lebhaft ist. Hierauf
tanzet die Vortänzerinn oder die den Tanz
aufführt, zuweilen allein und die übrigen
folgen ihr, und machen die Schritte und
Wendungen, die sie macht, nach. Ist
dieser

dieſer Tanz gleich im Grunde derſelbe, ſo
iſt er doch nach den verſchiedenen Ländern
der Levante verſchieden. Der Naxiot iſt
lebhafter und nicht ſo edel. Der Sfac-
chiot und die übrigen candiſchen Reihen-
tänze ſind gemein und bäuriſch. Der Ar-
nautiko iſt ein ziemlich unanſtändiger
Tanz. Er iſt in der Wallachey, Moldau
und Bulgarien Mode. Die Anführer oder
Vortänzer ſtehen in allen verſchiedenen
Reihentänzen an beyden Enden. Dieſen
Platz weiſet ihnen Julius Pollux in dem
Tanz der Alten, Geranos genannt, an:
ἕϰαϛος ἐϕ᾽ ἑϰαϛω ϰατα ϛιχον, τα ἄϰρα
ἑϰατερωϑεν των ἡγεμονων ἐχοντων.
„Sie waren neben einander geſtellt, und
die beyden äußerſten Paare wurden durch
die Vortänzer aufgefodert„. Wenn der
Tanz ordentlich ſoll getanzt werden,
ſo fängt er von der rechten Seite an, und
der Vortänzer, der am Ende iſt, zieht
den Reihentanz von ſeiner Seite von der
Linken zur Rechten. Hernach wann die
Muſik den Tact verändert, ſo nimmt der
Vortänzer am andern entgegengeſetzten
Ende die linke, und führt die Geſellſchaft
von der Rechten zur Linken.

Herr

Herr Cahusac hat eine gelehrte Abhandlung von den Tänzen der Alten herausge-
geben*). Man findet darinn die Beschreibung des Pyrrhischen Tanzes**), von dem
ich in den neuern Tänzen keine Spuren
angetroffen. Die neuere griechische Nation, ist heut zu Tage, von ihrem ersten
kriegerischen Character so sehr entfernet,
daß man gar nichts mehr davon findet. Die
drey cretischen vom Cratenus in seiner
Nemesis, vom Cephisodorus in seinen
Amazonen und vom Aristophanes im
Centaur (man sehe den Athenäus B.
14. Seite 629 nach) beschriebene Tänze
sind Apokinos, ΑΠΟΚΙΝΟΣ, Orsites
ΟΡΣΙΤΕΣ und Epicridios, ΕΠΙΚΡΙ-
ΔΙΟΣ.

*) Man findet eine deutsche Uebersetzung die-
ser Abhandlung, in der Sammlung ver-
mischter Schriften, welche Herr Nicolai
1759. zu Berlin heraus gegeben hat. Sie
steht im ersten Bande Seite 179. u. s.
Anm. d. Uebers.

**) Der Pyrrhische Tanz zeichnete sich wegen
seiner Schönheit vor andern sehr aus.
Neoptolemus, des Achilles Sohn, war der
Erfinder dieses Tanzes. Und weil dieser
den Beynahmen Pyrrhus führte; wurde der
Tanz der pyrrhische genannt. Anmerk.
des Uebers.

ΔΙΟΣ. Apokinos, das die Flucht
oder Abreise bedeutet, könnte heißen, wenn
sich der Vortänzer in dem Κοϱος von der Linie trennt, sich entfernt, allein tanzt,
und man ihm nachfolgt. Hierauf führt
derjenige, der neben ihm war, den Reihentanz hinter dem Vortänzer her, der
sich getrennet hatte, und der verschiedene
Pas und Figuren, bald vorn an der Linie,
bald mitten im Kreise macht. Der Bactrias-
mos, Apokinos und Aposisis waren nach
dem Pollux (B. 4. Cap. 14.) drey aus-
gelassene Tänze, die durch die unzüchtigen
Bewegungen der Lenden kenntbar wurden.
Der Tripidito, ein neuer Tanz mit zweyen,
den man in den Inseln tanzet, hat würklich wollüstige Bewegungen, so wie der
Fandango der Spanier, und dürfte ein
Ueberbleibsel der oben genannten Tänze
seyn. Der Orsites war ein überaus heftiger und flüchtiger Tanz, dessen Benen-
nung von dem äolischen Worte οϱσω,
springen, hergenommen war. In dem
Sfacchiott sind gemeiniglich viele Vortänzer, die sich von Zeit zu Zeit im Springen
von der Linie trennen, und hernach mitten im Kreise, indem sie allerley gewalt-

M   same

same Bewegungen machen, zurückkommen.
Der Epicridios war ein Tanz, wo man,
nach dem Homer, auf dem Kopfe tanzte.
Eben dieser Kreis wird in dem Sfacchiotte
mit einer ausnehmenden Leichtigkeit gemacht. In dem candischen Tanze trift
man noch einige Aehnlichkeit mit dem alten
Tanze Oclasma an, eine von den vier
Arten, welche die Tänzerinnen in den Thes-
mophorien persische und syntotische Tänze
nannten. (Poll. l. c.) Man tanzet ferner
in den candischen Reihentänzen, mit dem
Knie auf der Erde. Alle diese Tänze haben
eben nichts besonders, sie sind niedrig und bäurisch. Aber der Romeca, den zwanzig artige
und wohl angekleidete Mädchen tanzen, ist
der edelste und prächtigste Anblick, den
man nur sehen kann; ich bin versichert,
daß Herr Noverre, der Metaphysiker des
Tanzes, zur Verfertigung seiner Ballets
von diesem Gebrauch machen würde. Man
singet noch dabey, wie vor diesem. Der
Anführer des Reihentanzes stimmt nach
dem Tact Lieder an, und das Chor wiederholt die, von den Vortänzern abgesungenen,
Strophen. Die musicalischen Instrumente
sind die Leyer, und eine kleine Trommel,

so

so wie sie die herculanischen Gemälde vorstellen. Die Leyer hat die Form von der,
welche die Alten testudo nannten. Sie
hat drey Saiten, und man spielt darauf
mit einem kleinen Bogen. Die Saiten
werden nicht, wie auf der Violine, gedämpft,
aber die Töne werden darauf angegeben,
wenn man sie von der Seite mit der linken
Hand berührt. Raphael muß diese Leyer
gesehen haben, denn er hat seinem Apollo
auf dem Parnaß im Vatican eine ähnliche
gegeben.

Sonsten ist unter den heutigen Griechen keine Musik mehr, so wie sie auch
keine Maler und Bildhauer mehr haben.
Die Scythen, die sie überwunden, haben
diesen Geschmack und dieß Talent erstickt.
Die Töne ihrer gemeinen Gesänge sind
lustig und freudig, aber ohne Geist und
Melodien. Dieß sind Freudenchöre, allein
man verspürt dabey weder Empfindung,
noch Leidenschaft.

Die Sprache des gemeinen Griechen ist
eine Tochter der alten. Aber diese Sprache
hat, die Feinheit, die Präcision und die
Schönheit der alten verlohren. Viele

Wör-

Wörter sind ganz und gar darinn veränd
dert, als z. E. ἄλογος, alogos, anstatt
ἵππος, hippos. Die Construction ist nach
der türkischen gemacht, und viele Wörter
sind mit den türkschen Sachen zu den Grie=
chen übergegangen, welches allen, von ei=
ner fremden Nation überwundenen, Völkern
begegnet. Pausanias B. 3. Cap. 26.
redet von dem messenischen Worte, κιφος,
ciphos, das in dieser Sprache eine Krone
bedeutet. Bey den neuern Griechen ist
dasselbe Wort üblich. Sie bedienen
sich desselben beym Ausrufen, besonders
im Spiel, und es bedeutet: Victoria! oder:
ich habe gewonnen!

Die sclavische Nachahmung der Grie=
chen, in ihren Gebräuchen und Kleidun=
gen der Türken, ist äußerst lächerlich. So=
bald sie ein weißes Schnupftuch um den
Kopfe tragen können, welches dem Turban
gleichen soll, oder eine grüne Weste, oder ein
Anteri, so unterlassen sie niemals, es zu tra=
gen. Sie essen auf der Erde, die Füße über
einander gelegt wie die Türken. Zu Thermia
sah' ich einen Aga, oder Chef einer grie=
chischen Insel, der auf einem Sopha die
Arme

Arme in die Seite ſetzte, nach türkiſcher
Gewohnheit, Caffee und Pfeifen auftragen
ließ, und die wunderliche Carricatur eines
verfehlten Türken machte. So ſind die
Menſchen! Die Feſſeln, die ſie erröthen
machen ſollten, blähen ſie auf. Kaum
kann ich glauben, daß alle Menſchen zur
Freyheit geboren ſind. Es ſind wenige,
die ſie zu gebrauchen wiſſen. Der Weiſe
allein genießt ſie, der Pöbel misbraucht
ſie. Eben dieſe Griechen zittern bey dem
Anblick des geringſten Türken, und ſetzen
demüthig ihren Kalpac oder Pelzmütze gerade, die ſie ſo ſtolz auf einem Ohre tragen. So ſiehet man in Frankreich den
reichen Kaufmann den armen Soldat ehren, der nichts als ſein Blut und ſeinen
Degen zum Befehl des Königs hat! Was
ſag' ich, der ſtolze Engländer ſelbſt, deſſen
Stimme im Parlamente das Echo der
Freyheit wiederſchallen läßt, hat ſich oft
durch den Titel eines Lord und leere Eh-
renſtellen ein Stillſchweigen auflegen
laſſen!

Achtes

Achtes Capitel.

Bemerkungen über die Sitten und Gebräuche der Türken.

Non in deprauatis, fed in his, quae bene
fecundum naturam fe habent, confide-
randum eft, quid fit naturale.
                                        Ariftot. Polit.

Von den Türken, ihren Sitten und
Gewohnheiten bestimmt reden zu wollen, ist ein Irrthum, in den viele Schriftsteller gefallen sind. Einige sind gegen diese
Ungläubigen, die von der christlichen Be-
scheidenheit ohne Barmherzigkeit verdammt
werden, eingenommen, haben an ihnen
alles verworfen, und sie in die Hölle ver-
stoßen. Andere, auf eine schimärische Art
zu ihrem Vortheil für sie partheyisch, haben alles gebilligt, und eine romanhafte
Beschreibung von ihnen gegeben. Wenige
sind im Stande gewesen, durch einen lange
genug dauernden Aufenhalt unter ihnen,
durch eine hinlängliche Kenntniß ihrer
Sprache, und mit Einsicht von den Handlungen

lungen und den Bewegungsgründen, von
der Ursach und den Wirkungen, über sie
zu urtheilen. Denn so wie der menschliche Geist über einerley Dinge oft ganz verschiedene Urtheile nach dem Clima, der Religion, den ersten Grundsätzen der Erziehung, nach den verschiedenen Seiten, von
denen man die Dinge betrachten kann,
endlich nach tausend andern Nebenursachen,
fällt; so können viele Handlungen der Türken von uns übel ausgelegt, oder Gründen zugeschrieben werden, die von denen
ganz verschieden sind, die sie dazu bewegen. Endlich hat noch keiner die Gleich-
gültigkeit, oder vielmehr die Verachtung
besiegen, und übersteigen können, welche
die Türken gegen die Christen haben, die
sie wenig vertraut und ungeselschaft-
lich macht. Hierzu kommt noch, daß sie,
ohne Gelehrsamkeit, ohne Bücher, übel erzogen, sich nicht um die Ursachen der
Dinge bekümmern, und daß sie sich von
der einen Seite auf die Gewohnheit, und
von der andern auf das unvermeidliche
Schicksal verlassen, die Dinge gehen lassen wie sie wollen, und bey allem ruhig
bleiben. Nach allen diesen müssen wir

M 4   darinn

darinn übereinkommen, daß es ungewiß
und sehr schwer ist, von den Türken zu urtheilen!

Diese Nation, die so zu sagen aus der
Dunkelheit und dem Nichts hervorgegan-
gen, gleich einem undankbaren Kinde, das
den Eltern, die es gezeugt, Fesseln anlegt,
kann keine ursprüngliche und beständige
Sitten und Gewohnheiten haben. Da sie
an so verschiedene Länder gränzt, Nationen
von so verschiedenen Sitten und Religionen
bezwungen und unterjochet, sich auch unter
verschiednen Climaten von Norden bis zu den
entferntesten Südländern festgesetzt hat; so
muß sie durch den Einfluß derselben zum
Theil verändert seyn. Man muß bey ihr den
von allen Geschichtschreibern erkannten ara-
bischen Stolz und die Größe der Seele, die,
schon vom Suetonius angeführte, thracische
Schmutzigkeit und die scythische oder ta-
tarischen Tapferkeit vermischt finden, welche verursacht haben, daß diese Nation die
Welt bezwungen, und die ottomannische
Pforte gegründet haben. Diese Vermischung
findet man wirklich. Noch können wir
die Weichlichkeit der Südländer, die griechische

chifche Lift und Feinheit hinzufetzen, welche
auf den türkifchen Character Einfluß gehabt haben.

Die auffallendfte, und unfern Sitten
am meiften zu widerlaufende Gewohnheit, ift die Polygamie, die nach der chrift-
lichen Religion nicht erlaubt, und in der
Mohammedanifchen authorifirt und fo gar
anempfohlen ift. Wenn man aber in die alten Zeiten der orientalifchen Gefchichte zurück geht, fo fieht man, daß die Egyptier,
Affyrer, Araber, das Volk Gottes felbft,
und infonderheit der weife Salomo, viele
Weiber gehabt haben, und daß diefe von
dem Mohammed, — einem weifern Gefetzge-
ber, als man denkt, — gegebene Freyheit
nicht allein erlaubt ift, fondern fogar in
dem heißen Clima Arabiens, wo er feine
Gefetze gab, nothwendig war*). Die Ge-
M 5 wohn-

*) Diefe Nothwendigkeit der Polygamie ift
doch noch wohl immer eine fehr ftreitige
Sache. Soviel lehrt die Erfahrung, daß
fie in dem heißen Clima Afiens der Bevölkerung eben fo nachtheilig ift, als fie es in
einem kältern feyn könnte. Der fcharffin-
nige Beobachter der Türkey, Porter, be-
ftätigt diefe Erfahrung auch in Abficht des
türki-

wohnheit, sie einzuschließen, ist eine Folge der Vielweiberey, und eine Würkung des heißen Clima. Je mehr man sich dem Mittag nähert, jemehr findet man das schöne Geschlecht eingezogen und unsichtbar. Dieß kommt daher, weil die Anfälle daselbst häufiger und feuriger, und der Widerstand geringer ist; weil man in diesen Ländern nur die Absonderungen der Geschlechter für den Bürgen der Tugend hält. Wenn uns übrigens bey den Türken der Gebrauch, die Weiber einzuschließen, auffallend ist: So befremdet sie die Gewohnheit, daß unsre Weiber in Freyheit leben, eben so sehr.

Sie

türkischen Reichs. Man findet allgemein, wie er berichtet, daß eine christliche und jüdische Ehe allemal mehr Kinder giebt, als eine türkische. Die Vielweiberey verursacht auch den großen Mangel an Frauenspersonen, deren Zahl mit der der Mannspersonen ganz unproportionirt ist. Mohammed duldete vielleicht nur aus politischen Gründen, was er nicht hindern konnte, weil seine Nation zu der Zeit, als er ihr ein neues Religionssystem geben wollte, schon einmal zur Vielweiberey verwöhnt war; so wie sie auch bey den Juden mehr connivirt als gebilliget wurde. Anm. d. Uebers.

Sie können nicht glauben, daß es unter
den Christinnen ein ehrbares Frauenzimmer
gebe, und daß die Freyheit nicht untrüg=
lich zum Laster führe. Und zwar wundern
sich darüber die türkischen Weiber mehr,
als die Männer; sie können nicht begrei=
fen, wie eine Frau ihre Schönheit und
Reize noch öffentlich zeigen könne, nach=
dem sie auf die feyerlichste Art verspro=
chen, sie nur für ihren Ehemann zu besitzen.
„Man hat viele Gründe für und gegen
die Freyheit der Frauenspersonen. Wenn
die Europäer sagen, daß es nicht edelmü=
thig ist, die Personen, die man liebt, un=
glücklich zu machen: so antworten die
Orientaler, daß es die Männer erniedri=
ge, der Herrschaft, die ihnen die Natur
über die Weiber gegeben, zu entsagen.
Wenn man ihnen sagt, daß die Anzahl der
eingeschlossenen Weiber beschwerlich sey,
so antworten sie, daß zehn Weiber, die
gehorchen, nicht so beschwerlich sind, als
eine, die nicht gehorcht. Wenn sie wieder=
um die Einwendung machen, daß die Eu=
ropäer mit den Weibern, die ihnen nicht
getreu sind, nicht glücklich seyn können, so
antwortet man ihnen: daß die Treue, die

sie

sie so sehr rühmen, den Ueberdruß nicht ver-
hindre, welcher auf die befriedigten Leidenschaften folge; daß ein so ruhiger Besitz
weder etwas hoffen, noch befürchten las-
se; daß ein wenig Coquetterie ein Salz
ist, das beiße und für die Fäulniß bewah-
re. Vielleicht würde man bey der Ent-
scheidung dieser Sache in Verlegenheit
seyn. „Denn wenn die Asiater dafür sorgen, geschickte Mittel zu finden, sich aller
Unruhen zu überheben; so thun die Europäer auch sehr wohl, daß sie sich keine
machen.,, So urtheilt der Herr von Montesquieu mit seinem großen Geiste über diesen Widerspruch. Ich würde noch hinzusetzen, daß das häusliche Leben in der
Türkey viel ruhiger ist, als in der Christenheit; daß das Laster der Verführer, die
Menge derer, die bey dem Frauenzimmer
in Gunst stehen, daselbst unbekannt ist,
und daß die Frauenspersonen daselbst sogar aus Neigung, aber fürnemlich aus
Mangel der Versuchungen, sittsam sind.
Denn man muß den vorgegebenen Liebes-
händeln nicht Glauben beymessen, deren
sich verschiedene Reisende rühmen; und
die mit Frauenzimmern von Stande un-
mög-

möglich sind *). Denn es sind in Constantinopel unter den Türken, wie in allen
großen Städten viele öffentliche Huren **).
Diese gute Sitten haben durch ihr Beyspiel
auch auf die Griechen und die sich in der Levante niedergelassenen Franken, Einfluß.
Die Weiber sind ihren Männern sehr zuge-
than, und man trift daselbst wenige ga-
lante Frauens an. Es ist mehr die große
Zurückhaltung der Weiber, als die große
Leichtigkeit sie zu haben, wie Montesquieu
glaubt,

*) Die Lady Montague redt hievon ganz
anders. Sie sagt, daß die vornehmen
türkischen Damen sehr viele Ausschweifungen begehen, und daß die Buden der Juden
gemeiniglich der Ort ihrer verliebten Zusam-
menkünfte wären. Sie könnten auch diese
Ausschweifungen desto sicherer begehen, da
sie auf der Gasse immer ganz verhüllt
sind, und keine Mannsperson sie anrühren,
noch ihnen nachfolgen darf. Anm. d.
Uebers.

**) Porter und die Montague sagen, daß
man in Constantinopel fast gar keine öffentliche Huren finde, welches auch daher sehr
wahrscheinlich ist, weil hier jedermann so
viele Weiber und Beyschläferinnen halten
darf, als er Lust hat, und ernähren kann.
Anm. d. Uebers.

glaubt, welche zu einem von der Natur
gemißbilligten Laster führet, das hernach
so sehr zur Gewohnheit werden kann, wie
unter den alten Griechen die Entfernung
der Weibspersonen, während des Krieges,
und das beständige Leben unter den Soldaten, dies Laster nährte und die Politik
selbst sich nicht schämte, es zu unterstützen,
wie man bey der unsterblichen Legion der
Thebaner siehet. Die Türken nehmen ihre
Weiber nicht mit zu Felde; und dieß
Laster herrscht deswegen fürnemlich unter den Janitscharen. Allein aus eben
der Ursache haben die Weiber heftige Be-
gierden gegen sich selbst, und nie waren zu
Mytilene oder dem alten Lesbos schändli-
chere Neigungen, als unter den türkischen
Weibern. In den großen Harems kann
nur eine besondre Aufmerksamkeit der Ver-
schnittenen die Ordnung und Absonderung
der Weiber erhalten. Sie sind keine
Sclavinnen, wie man doch denken sollte,
und die verheuratheten Frauenspersonen,
besonders wann sie von hoher Geburt
sind, oder ihrem Manne eine reiche Mit-
gabe zugebracht haben, wissen sich recht
gut in Ansehen zu setzen, Gunstbezeugun-
gen

gen auszuschlagen, und den Werth derſelben zu erhöhen. Sie können mit ihren
Sclavinnen in Kutſchen oder Luſtſchiffen
ausfahren, Viſiten annehmen, u. ſ. w. ohne
daß der Mann ſie vermiſſen kann. Viele
leiden keine Concubinen in ihrem Harem,
und dann unterhält der Mann oft welche
in einem abgelegenen Hauſe, wie die kleinen Häuſer zu Paris ſind. Dies alles iſt
den Sitten und der öffentlichen Ruhe nicht
zuwider. Denn alles, was in den immer verriegelten und verſchloſſenen Harems vorgeht, iſt dem nächſten Nachbar
unbekannt und alle dieſe Weibsperſonen
können unter den Männern keine Klatſche-
rey anrichten. Jeder betrachtet ſeine Weiber wie ſein eignes Guth, und weiß, daß
ſein Nachbar ſie nicht verführen kann und
mag. Aber wo bleibt die warme Empfindung der Liebe, die auf Hochachtung und
Freundſchaft folgt? Wo iſt das gegenſei-
tige Vertrauen, der Werth der Tugend, ge-
kämpft und geſiegt zu haben? die ſchmei-
chelhafte Gewißheit um ſein ſelbſt willen
und vor andern Mitbuhlern geliebt zu
werden? Dies Vergnügen wird von den
Türken verkannt, und ſie ſind deswegen
eben

eben so glücklich). „Ignoti nulla' cupido.„ Das, was man nicht kennt, verlangt man nicht. Anstatt daß bey uns
eine empfindsame Seele in diesen Empfindungen, so viel zu wünschen findet, daß
es beynahe unmöglich ist, glücklich zu
seyn! Alle orientalische Sitten scheinen
den unsrigen entgegen zu seyn; ihre Gebräuche noch mehr. Wir entblösen das
Haupt, um unsre Hochachtung zu erkennen
zu geben, sie die Füße. Wir gehen spazieren, um uns dadurch zu vergnügen, sie spot-
ten über diese Ungereimtheit, und bleiben
in Ruhe, ohne sich zu ermüden. Wir
verehren das Frauenzimmer, sie schließen
es ein. Wir ermüden uns, wenn wir sitzen
und die Beine kreuzweis über einander
gelegt haben; sie, wann sie auf einem guten Lehnstuhle sind, und die Füße auf die
Erde hangen lassen. Wir steigen von der
Linken, sie von der Rechten zu Pferde.
Bey allem unsern Nachsinnen auf Weichlichkeit und Reinigkeit, beschuldigen sie uns
doch des bäurischen Wesens und der Un-
reinigkeit, weil wir uns des Tages nicht
zwanzigmal waschen, weil ihnen unsre
Kleidung häßlich und unbequem vor-
kömmt

kömmt, weil die Franken die Ernſthaftig-
keit der Muſelmänner durch ihren Muth-
willen beleidigen: da ſie doch ſelbſt bey
allem ihren Waſchen voll Ungeziefer ſind,
daß ſie aus Gewiſſenhaftigkeit nicht tödten;
da ſie doch nur ſelten ihre Wäſche und Kleider verändern: da ſie mit den Fingern
eſſen, und alle aus einem Gefäß trinken.
Es giebt ſowohl auffallende Widerſprü-
che in ihren Sitten und Gebräuchen,
als in ihrem Character. Er iſt eine ſonderbare Vermiſchung von Tugend und
Laſter. Sie ſind mitleidig und gaſtfrey,
und zugleich geizig. Sie waſchen ſich beſtändig, und dabey ſind ſie eben nicht reinlich;
gelinde gegen die Thiere, und blutdürſtig
gegen ihre Feinde. Abergläubiſch und dem-
ohngeachtet tolerant in der Religion. Sie
vereinigen das rohe thraciſche Weſen, und
die aſiatiſche Weichlichkeit mit einander.
Sie ſind Sclaven in Abſicht auf ihr Eigen-
thum, frey für ihre Perſon; In ihren Häu-
ſern wollüſtig, und öffentlich ſehr ſtrenge;
Unempfindlich in der Muße, und feurig
in Geſchäften. Da ſie durch die Mütter
aus verſchiedenen Nationen herkommen,
ſo findet man bey ihnen alle dieſe verſchiede-

N   nen

nen Mischungen. Die Weichlichkeit, die
Wollust und die Nüchternheit sind die
Würkungen des mittäglichen Climas.
Ihre einnehmende Gestalt, die Schönheiten des Körpers, die Behendigkeit,
die Geschmeidigkeit sind von den schönen griechischen, georgianischen und
circassischen *) Frauenzimmern zu ihnen
gekommen, und wenn die Redlichkeit, die
unter den Arabern herrscht, und die der
Koran befiehlt, sich unter ihnen verliehrt,
so ist dies auch der griechische Character,
der sich unter ihnen einfindet, und diese
Tugend ausrottet. Denn es ist sonderbar, es scheint, daß die Tugend der
Redlichkeit in Griechenland niemals hat
Wurzel fassen können.

Die Türken können kein Geheimniß bey
sich behalten. Sie gestehen diesen Fehler
selbst, und machen sich niemals dazu ver-
bindlich. Sie wollen lieber eine Sache
nicht wissen, als sie verheelen sollen: ein
anderer befremdender Widerspruch bey einer
Nation, die so sparsam im Reden ist!

Die

*) Die Circassierinnen sind meistentheils Blon-
dinen; Die Georgianerinnen Brunetten.
Anm. d. Verf.

Die Moden in den Kleidungen wech-
seln in der Türkey und in der ganze Levante nicht ab, wie bey uns. Jede Nation, Geschlecht, Alter, Stand und Lebensart, haben ihren Putz und Kleidungen, die sie von einander unterscheiden.
Der Turban kündigt den Muselmann an,
die rothen Halbstiefeln den Griechen und
Armenier, die schwarzen den Juden.
Der Knebelbart ist allen Männern gemein,
aber der Bart kündigt einen Mann an,
der entweder in weltlicher oder geistlicher
Bedienung stehet. Diese Gewohnheit ist so
alt, als die Stiftung des Reichs, und
wird erst mit derselben aufhören. Sie
scheint mir weit vernünftiger zu seyn, als
die unsrige, wo die Geschlechter, Alter
und Stände unter einander vermengt sind,
wo jeder das scheinen will, was er nicht
ist; wo sich der Greis seines grauen
Barts schämen würde, und der kriegerische
Jüngling, daß er noch keinen hätte; wo
betagte Matronen das Pudern der Haare
erfunden haben, um ihre grauen Haare zu
verbergen, und die Gebrechlichen die
Schnürbrüste, um ihre Gestalt zu verstecken, und ihren Busen größer oder

kleiner

kleiner zu machen, nach dem sie es nöthig
finden.

Der Character der Türken ist Sanft-
muth und Wohlthätigkeit. Ihre Gastfreyheit und Mitleiden gegen Menschen und
Thiere sind Beweis davon, und Ueberbleibsel der Nation, deren Religion sie angenommen haben. Uebrigens sind sie dem
unvermeidlichen Schicksal, dem Haupt-
lehrsatz ihrer Religion, ergeben, haben ein
friedfertiges Herz, sind gegen empfangene
Wohlthaten eben nicht erkenntlich, nähren
aber auch keine Rache gegen Beleidigun-
gen. Sie richten sich nach dem Gegenwärtigen, vergessen das Vergangene, und
denken nicht an das Zukünftige. Ich habe in Armuth gerathene Reiche ihr Unglück mit Standhaftigkeit ertragen und
sich der Betrübniß entschlagen; und eben
empor gekommene Arme, allen Stolz und
Würde ihres Standes annehmen sehen:
Sie sagen: alla charim! Gott ist groß,
oder Isch Hallah! Wenn es Gott gefällt; —
und sind ruhig. Dies ist auch die Ursach, daß sie eben nicht neugierig sind, und
daß man sehr schwer mit ihnen Bekanntschaft
machen

wachen kann. Diese Nation ist von Natur zerstörerisch, wie alle Tatarn und Scythen, von denen sie den Ursprung hat, die niemals, so zu sagen, weder Dach noch Fach gehabt haben, noch itzt haben. „Campestres melius Scythae, quorum plaustra vagas rite trahant domos. Horaz B. 3. Ode 24. Von allen Eroberungen dieser barbarischen Nation trift man kein ander Denkmaal an, als die Spuren der Verwüstung. Der regierende Großherr hat verboten, daß man weiter an den Ufern des Canals am schwarzen Meere bauen solle, und hat die, seit dieser Verordnung, aufgeführten Häuser niederreissen lassen. Die Kirchen und Häuser der Griechen, Armenier oder Juden, können nach einem Erdbeben oder Feuersbrunst nur auf ausdrücklichen Befehl des Sultans wieder aufgebauet werden. Ihr Kriegsgouvernement hat keinen andern Wahlspruch, als den: plus ultra.

Die jüdische Religion, diese unglückliche Mutter zweyer undankbaren Kinder, des Christenthums und des Mohammedismus, hat ihrer jüngsten Tochter in die Augen fallende Züge ihrer Aehnlichkeit eingedrückt.

N 3   Die

Die Physionomie, die Habsucht und Geldbe-
gierde, die Ungeschicklichkeit und Abneigung
zum Ackerbau. Dieses trift man sowohl bey
den Türken als Juden an. Es ist zum
Erstaunen, wie sehr die Gegenden um Constantinopel, der Hauptstadt der ottomannischen Pforte, unbebauet sind. Man weis,
wie der Geiz und der Eigennutz die herrschenden Leidenschaften der Türken sind.
Sie verachten indessen die Juden eben so
sehr, als wir ihnen schlecht begegnen, und
machen sich eine Ehre daraus, den Dschaur-
lars oder Christen den Vorzug zu geben,
wenn wir gleich in ihren Augen eben so un-
gläubig und unrein sind. Die Jengitscheri, die zu Pera die Wache der fremden
Gesandten und Ministers ausmachen, und
die bey vielen der Gegenstand ihrer Eitelkeit sind, sollten alle Christen erröthen
machen. Diese schlechten Soldaten, die von
fremden Ministern einen sehr guten Sold
bekommen, gehen auf der Straße mit Verachtung und Stolz vor ihnen her. Sie
würden den Huth ihres Herrn nicht von
der Erde aufheben, oder sein Pferd beym
Zügel halten. Wenn er sie in sein Ge-
mach kommen läßt; so setzen sie sich ohne
Umstän-

Umſtände nieder. Die Nothwendigkeit,
ſich ihrer zu bedienen, beweiſet, wie ſehr
die Chriſten von dem Pöbel verachtet werden. Denn man iſt ohne ihre Bedeckung beſtändig üblen Begegnungen ausgeſetzt.
Eben dieſe Jengitſcheri werden auch von
ihren Cameraden verachtet. Sie nennen dieſelben chriſtliche Schweinehirten
und Pera die Wohnung der Schweine.
Dieſe Jengitſcheri ſind die ſchlechteſten
unter ihnen. Die braven und guten Krie-
ger befriedigen ſich lieber mit einer geringen Löhnung, als daß ſie einem Dſchaur-
Iar dienen ſollten.

Man weis, daß die Türken keine Buch-
druckerey haben, und daß die wenigen Bücher, die ſie haben, lauter Handſchriften
ſind. Ihre Schriftſteller ſchreiben bis
zum Bewundern, mit hölzernen Federn
und auf den Knien Sie haben an
der Litteratur keinen Geſchmack, und glauben, daß die Bücher nur die Thorheiten
andrer unſterblich machen. Sie haben
keine Kenntniſſe von den Wiſſenſchaften
und Künſten, aber die Handwerke werden bey ihnen bis zur Vollkommen-

N 4 heit

heit getrieben.   Ihre Schneider, Schuster,
Sticker u. s. w. machen ihre Arbeit aufs
sorgfältigste.   Ihre Barbiers scheren mit
schlechten Rasiermessern mit einer ungemeinen Leichtigkeit und Fertigkeit.   Sie über-
zinnen das Kupfer viel besser als wir.   Ihre Silberarbeit ist leicht aber rein, ohne
Zusatz, und gut gearbeitet.   Alle ihre
Kenntnisse sind durch die Ueberlieferungen
erworben.   Besonders kennen die krim-
mischen Tatarn, ohne Landcharten zu haben, die Geographie sehr gut.   Man
schickt sie nach Indien, nach Africa, nach
dem ganzen ottomannischen und persischen
Reiche.   Sie richten sich nach dem Laufe
der Sterne, ohne sich von dem geraden
Wege zu entfernen.   Auch sind sie die
Läufer in der ganzen Levante.   Man
sehe des Kantemir Geschichte der ottomannischen Pforte-nach.

Neuntes

Neuntes Capitel.

Reflexionen über die Gesetze, Religion und Policey der Türken.

Die Lehren der Religion, die bürgerlichen und Policeygesetze, beziehen sich alle auf den Koran, der die Grundlage derselben ist; so wie Moses bey dem Volke Gottes alle seine Gesetze als Lehren der Religion vorschrieb, und dadurch, daß er sie durch den Titul: göttlicher heiligte, unverletzbar machte. Man siehet deutlich, daß die Beschneidung, die häufigen Reinigungen, das Verbot der starken Getränke, und der unreinen Thiere, die Vielweiberey, Policeygesetze sind, die sich aufs Clima beziehen, wo sie Mohammed gab, oder wo er vielmehr nur den von den ältesten Egyptiern, Israeliten und Arabern angenommenen Gewohnheiten folgte. Man sieht auch, daß die mitternächtlichen Türken das Verbot des Weins und die Reinigungen nicht so strenge beobachten, und nicht zur Vielweiberey so geneigt sind.

N 5

Abu-

Abu-Hanif hat zuerst über den Koran commentirt, und einen Auszug der bürgerlichen Gesetze gemacht, denen man folgt. Soliman I. hat hierauf eine zwote Sammlung dieser Gesetze veranstaltet, und sie in einen andern Codex gebracht, der ebenfalls von den Ulemas oder Rechtsgelehrten befolgt wird. Zum Beweis der genauen Verbindung ihrer bürgerlichen mit den Religionsgesetzen, ist es genug zu wissen, daß der Mufti und alle Priester oder Imans Rechtsgelehrte sind. Der itzige Mufti ist Kadileker oder oberster Richter über Romelien gewesen. Es sind nur zwey Kadileskers, über Romelien oder die europäische Türkey, welcher der erste ist, und über Natolien oder die asiatische Türkey. Ihre Gesetzbücher heißen Multaka und Durer.

Die bürgerlichen Gesetze zielen alle, wie die geistlichen, auf die öffentliche Ruhe, auf den Gehorsam gegen die Großen, und auf die Unterwerfung unter das unvermeidliche Schicksal ab. Es sind in dem Koran fürtrefliche moralische und menschenfreundliche Vorschriften; die Gastfreyheit, Barmherzigkeit, die Toleranz findet

findet man auf jeder Seite. Der vorge-
gebene Despotismus gründet sich, nicht
aufs Recht. Er ist nur itzt einmal eingeführt, und unrechtmäßiger Weise ange-
maaßt; sonst ist er so groß nicht, als man
es sich unter den Christen einbildet. Er
erstreckt sich viel mehr auf das Privatei-
genthum als bey uns; denn es giebt in
der Christenheit Staaten, deren Unterthanen, in Ansehung der persönlichen Freyheit, mehr Sclaven sind, als die Türken
und Rajas, d. i. die Unterthanen der
Pforte von einer andern Nation und Religion als der türkischen. Man wirbt
niemals Recruten mit Gewalt an. Die
ganze türkische Armee bestehet aus Freywil-
ligen. Es ist so gar in dem neunten Capitel des Korans verboten. „Wenn die
Ungläubigen um des Glaubens willen mit
dir werden Krieg führen wollen, so sage
ihnen: ihr sollt niemals mit mir gegen
meine Feinde streiten. Ihr waret un-
gläubig, bleibet bey euren Brüdern.,,
Man nimmt keine andre als Muselmänner
bey der Armee auf. Wenn die Rajas ihr
Karatsch oder Kopfsteuer bezahlt haben, so
haben sie die Freyheit, zu reisen, zu handeln,

deln, in und aus der Türkey zu gehen, ohne daß man ihnen das geringste Hinderniß in den Weg legt.

Der Großherr legt bey seiner Thronbesteigung dem Mufti den Eid ab, daß er die Gesetze und Religion aufrecht erhalten wolle. Er hat die ausübende, aber nicht die gesetzgebende Gewalt, und kann ohne die Einwilligung des Divans, der aus dem Vizir, dem Mufti und den beyden Kadileskers besteht, kein Gesetz geben, keinen Krieg ankündigen oder Friede machen. Die häufigen Absetzungen vom Thron, die Begrüßung und Ehrerbietung der Jenigitscheri gegen den sultanischen Turban, gleichsam als wenn er den Kopf des Großherrn noch bedeckte, beweisen, daß man den Sultan nur als den Verwalter der Gesetze und den vornehmsten Muselmann ansieht. Wenn man ihn bey einem Verbrechen ertapt, so bringt man ihn um und eben die mörderische Hand betet den Turban – das Zeichen der Oberherrschaft – an, den der Ermordete gemißbraucht hat.

Wenn der Großherr die Stellen der Paschas oder Gouverneurs der Provinzen ꝛc. verkauft,

verkauft, so thut er es blos aus einer
übel hergebrachten Gewohnheit oder Miß-
brauch. Man weiset sie den Meistbieten-
den öffentlich an. Es sind Verpachtun-
gen, wie die Tabacks- und Salzverpach-
tungen in Frankreich. Die Pächter kaufen die ungewissen Einkünfte des Sultans
aus einer gewissen Provinz, und schießen
eine bestimmte Summe vor. Wenn sie
die Provinzen hart behandeln, und das
Geschrey des Volks bis zum Thron dringt,
so schlägt man dem Pascha, ohne Umstän-
de, den Kopf ab.

Unter den Türken ist, in Ansehung der
Geburt, eine vollkommne Gleichheit.
Der Adel ist nicht erblich oder persönlich,
sondern an gewisse Würden gebunden, von
denen er unzertrennlich ist. Jeder Muselmann ist desselben fähig. Sie haben keine
andre Siegel, als ihre Namen. Nach diesem
Grundsatz sollte das Verdienst unter ihnen
sein Glück machen, allein das Geld hat,
wie an allen andern Orten, die Oberhand.
Dies ist die Ursache, warum der Türke eigennützig und geizig ist, nicht wegen des
Aufwandes oder Hochmuths, wie bey uns,
sondern

sondern weil er weis, daß er dann alles hat, und mit seinen Reichthümern alles ausrichten kann.

Es ist wahr, daß die Gerechtigkeit bey den Türken feil ist: aber wo ist sie es nicht? Wenigstens befriedigt sie geschwinder, ist weniger trotzend, und hat einen freiern Zutritt, als bey uns. Ein Pascha oder Aja hält sein Haus vom Morgen bis zum Abend allen denen offen, die bey ihm Recht suchen. Diejenigen die ein wenig über den gemeinen Stand erhaben und bekannte Personen sind, setzen sich bey ihm nieder, und man setzt ihnen Caffee und eine Pfeife Taback vor. Sie beweisen bey Anhörung der Klagenden eine außerordentliche Geduld. Ich habe Griechen gesehen, die sich in ihrer Gegenwart Injurien sagten, ohne daß sie ihnen das Stillschweigen auflegten; aber freylich müssen sie hernach ihre Freyheit gut bezahlen.

Die Zölle sind sehr gelinde, und nichts ist bey der Einfuhr Contrebande. Reis, Caffee, Getreide und Sclaven heraus zu bringen, ist verbothen. Man confiscirt blos die Waaren, die man bey einem Betrug

krug in Ansehung der Erlegung der Gebüh-
ren vorfindet, ohne eine andre persönliche
oder Geldstrafe aufzulegen. Die Zölle des
ganzen Reichs sind an einen Einzigen verpachtet, welches einer der vornehmsten
Bedienten bey der Pforte ist, der beständig in Constantinopel wohnt. Er ist
immer ein Türke, allein er hat Griechen
und Juden zu seinen Unterbedienten in andern Städten. Die Lebensmittel und Eß-
waaren gehen in den Thoren frey durch,
wie in London, dem Sitz der Freyheit.
Der Despotismus erstreckt sich so weit
nicht. Indessen fängt man bey der Pforte
an, dem üblen Beyspiel der christlichen
Souverains zu folgen. Der Schnupfta-
back ist schon ein Monopolium geworden.
Der Großherr versiehet Constantinopel allein mit Getraide, unter dem Vorwande,
einen wohlfeilen Preiß darinn zu erhalten.
Man kann sichre Rechnung machen, daß
man es mit der Zeit mit dem Rauchtabacke,
dem Caffee, Zucker u. s. w. eben dahin
bringen wird.

„Es ist keine grausamere Tyranney, als
die, welche man unter dem Schatten
der Gesetze, und mit dem Deckmantel der
Gerech-

Gerechtigkeit ausübt. Wenn man, so zu
sagen, die Unglücklichen selbst mit dem
Brete, auf dem sie sich gerettet hatten, un-
tertaucht. „Montesquieu Geist der Gesetze.„ Dieß ist die wahre Beschreibung
der Unterdrückung in der Türkey. Doch
ziehen sich die Griechen oft diese Arten der
Chicanen durch ihre Untreue zu, wenn sie
zum Beyspiel ihre Bosheit verführt, sich
zu der Zeit zu verstecken, da der Pascha
den Karatsch einfodert. Die Türken nennen die Griechen Hasen, weil sie sich verbergen, und sich wie das Wildpret suchen
lassen.

Die Ländereyen haben verschiedene Abgaben, nach den verschiedenen Provinzen, und
nicht nach dem Stand des Besitzers. Einige
zahlen ein Fünftheil, andere ein Siebentheil,
noch andere, wie Athen, ein Zehntheil.
Einige Provinzen sind zu den Einkünften
gewisser Bedienungen ausgesetzt. So gehört zum Exempel Athen dem Kislar-Aga,
welcher ihre Einkünfte an andere Pächter
verkauft. Diese Besitzungen haben mit
unsern Lehngütern einige Aehnlichkeit, doch
die Timars und die Ziamets noch mehr,
die

die eine Art von Soldaten-Lehngütern
sind*). Sie sind nicht erblich oder Fidei-
commisse, wie die Lehngüter des römischen
Reichs; der Besitzer kann sie verkaufen oder
veräußern, wie er will. Der Besitz dieser
Timars verpflichtet, eine gewisse Anzahl Reu-
terey nach der Größe der Ländereyen, die
man

---

*) Die Ziamets und Timars sind Lehngüter,
die der Großherr einem Theile seiner Mi-
liz anweiset, um ihren Sold aus denselben
zu ziehen. Die Besitzer derselben werden
Zaims und Timarioten genannt. Ein Zia-
met bringt jährlich zweymal hundert tausend
bis hundert tausend Aspers ein. Die Einkünfte eines Timars betragen des Jahrs
sechs tausend bis neunzehntausend neun
hundert und neun und neunzig Aspers.
Die Zaims müssen von jeden fünfhundert
Aspers Einkünften, und ein Timariot
von jeden dreyhundert Aspers einen Reu-
ter zur Armee liefern. Aus diesen bestehet die größeste und ausgesuchteste Anzahl der türkischen Cavallerie, die Spahis
genannt werden. Der venetianische Lega-
tionssecretär Peter Businello berechnet
in seinen Nachrichten von der ottomannischen Monarchie, die in des Hrn. le Bret
Magazin 2. Theil nachgelesen werden können,

D

man besitzt, herzugeben. Die Ziamets sind
Herrschaften die aus verschiedenen Timars
bestehen. So wie der Ursprung der
Türken kriegerisch ist, so ist ihr Gouvernement ganz militärisch; sie leben in
der Hauptstadt, wie bey der Armee; der
Großherr und der ganze Hof sind bereit,
zu allen Stunden der Nacht zu Pferde zu
sitzen. Und bey der Armee herrscht wieder
eben die Ordnung, eben die Policey, eben
der Ueberfluß an Lebensmitteln, die man
in der Hauptstadt findet. Man trift
bey der Armee alle Handwerker an, die aus
Pflicht da seyn müssen. Ihre Gezelte haben alle Bequemlichkeiten ihrer Häuser,
Sophas, Bäder u. s. w. In ihren Häusern machen die Waffen und die Equipage
der Pferde die Ausmeublierung ihrer Zimmer aus, und wenn sie in den Krieg gehen, so
ändern sie ihre Lebensart in keinem Stücke.

In Constantinopel und in allen Städten
der Türkey, ist die Policey viel besser, als

man

nen, die Anzahl der Zaims und Timarioten, welche aus den verschiedenen Gouver-
nements des ottomannischen Reichs ins Feld
gestellet werden können, und bringt eine
Summe von 131964 heraus. Anm. d.
Uebers.

man denkt. In allen Viertheilen der
Stadt sind Hauptwachen. Wenn es
Abend wird, so halten die Patrouillen einen
jeden auf den Straßen an, und begleiten
ihn an den Ort, wo er Geschäfte zu haben vorgiebt. Niemand darf in Constantinopel bewaffnet seyn, sogar die Jengitscheri nicht, die der Großherr zur Wache
hat. Sie haben nur einen Stock zu ihrer Vertheidigung, so wie die alten Römer, wenn sie aus dem Kriege zurück kamen, die Waffen und das Soldatenkleid
ablegten. Der Vizir, oft der Großherr
selbst, gehen verkleidet auf den Straßen,
um zu sehen, ob man nicht mit dem
Brodte und den übrigen Lebensmitteln einen Betrug spiele. Ein Betrunkener
wird angehalten und bestraft. Man leidet keine Tabackspfeife auf der Straße,
und die Caffeebuden sind verboten, um
zahlreiche Versammlungen des Volks zu
hindern. Bey jeder Feuersbrunst, des
Nachts sowohl wie bey Tage, müssen
der Vizir und der Großherr gegenwärtig
seyn, um die Hülfe zu beschleunigen.
Man ermuntert das Volk dadurch, daß
man Geld unter dasselbe wirft.

Die

Die Türken haben keine Zucht- und Arbeitshäuser, oder andre große Gefängnisse; denn ihre Justiz ist schnell. Das Gouvernement legt keine Hospitäler, noch die Policey Gasthöfe an. Denn jeder Arme kann sich auf das Mitleiden der Reichen, jeder Reisende auf die Gastfreyheit der Häuser, zu denen er sich wendet, verlassen. Die Vermächtnisse an die Mosqueen für die Armen, oder zur Unterhaltung der Katzen und Hunde, sind unermeßlich, und die Priester können dabey keinen Unterschleif machen, weil sie verbunden sind, der Regierung Rechnung davon abzulegen. Man sieht auch sehr wenig Türken um Almosen bitten und es ist eine doppelte Grausamkeit, es ihnen abzuschlagen, weil man gewiß glauben kann, daß sie in der größesten Noth sind, wenn sie andre um Erbarmung anflehen. Jeder Reisende kann ohne Unterschied in dem ersten Dorfe, das er auf seinem Wege antrift, essen oder schlafen. Die Kans, die Brücken und Brunnen auf den Landstraßen sind meistentheils fromme Stiftungen.

Die liegenden Gründe der Kirchen sind sehr im Ansehen, und die sichersten von al-

len

len Ländereyen in der Türkey, wie an allen
andern Orten. Die Geistlichkeit hat in
allen Altern und bey allen Nationen sich
zu bereichern, und ihre Güter für den Nach-
stellungen des weltlichen Arms, in Sicherheit zu setzen gewußt. Doch erlaubt der
Koran dem Großherrn, sie, in einem drin-
genden Falle, zur Vertheidigung der Religion, anzugreifen. Die Vackoufs sind
Vermächtnisse an eine Mosquee, wenn alle
rechtmäßige Erben ausgestorben sind.
Diese Einrichtung gleichet dem Erblehn
des Feudalrechts und ist dem Staate eben
so schädlich, wie die todten Fonds bey uns.

Die Mäßigung und Toleranz in Reli-
gions-Sachen sind schöne Züge der Religion und des Characters der Türken. Der
Koran predigt diese Grundsätze von Anfang
bis zu Ende. Wenn Moses, David im
Namen Gottes predigen und befehlen, daß
man die ungläubigen Völker ausrotten
solle, wenn Samuel dem Saul den Zorn
Gottes ankündigt, weil er den König
Agag nicht in Stücken zerhauen hatte,
wie es ihm war befohlen worden; so em-
pfiehlt hingegen Mohammed den Musel-
männern, den Ungläubigen zu predigen:

O 3   „Pre-

„Predige, sagt er, den Ungläubigen, du haſt keine andre Verbindlichkeit. Gott hat ſich diejenigen vorbehalten, welche ihn anbeten ſollen. Koran Cap. 3. Wenn man dich wegen deines Glaubens anfallen wird, ſo vertheidige dich, aber hüte dich, die Ungläubigen mit Gewalt anzugreifen; denn es kommt Gott zu, ſie zu kennen.,, Cap. 2. „Wenn die Gottloſen mit dir hadern, ſo ſage ihnen: ich bin dem Willen Gottes in allem, was mir begegnen kann, gänzlich unterworfen. Cap. 3. „Abraham war weder Jude noch Chriſt, er bekannte die Einigkeit Gottes, als ein wahrer Gläubiger. Die Völker, die ihm gefolgt ſind, und alſo Mohammed ſowohl, als alle wahre Gläubige, haben die Wahrheit dieſes Geſetzes erkannt. — Rufe das Volk zum Geſetz Gottes mit Klugheit, und ſo, daß du wider ſie mit guten Gründen predigeſt.,, Cap. 16. *) Sie folgen dieſen Vor-

*) Folgende Stelle iſt nicht ſo gelinde: „wenn ihr in einem Kriege auf die Ungläubigen ſtoßet, ſo hauet ihnen ſo lange die Köpfe ab, bis ihr eine große Menge vom Feinde niedergeſäbelt habt,, S. den Koran nach der Ueberſetzung des Herrn D. Boyſens S. S. 517.

Vorſchriften gewiſſenhaft, und laſſen ihre Unterthanen alles glauben, was ſie
wollen, wenn ſie nur die Kopfſteuren bezahlen. In Conſtantinopel halten die Ka-
tholiken ſogar, von den Jengitſcheri bedeckt, öffentliche Proceßionen.

Wie ſehr beſchämen nicht die Türken
durch dieſe geſunde und ſogar politiſche Mo-
ral das intolerante Chriſtenthum? Denn
man darf nur darauf merken, wie leicht die
Völker dieſe Religion angenommen haben.
Die Ueberwinder haben ſie ſogleich von
den Ueberwundnen angenommen, und ſie
auf dem halben Erdboden ausgebreitet.
Anſtatt daß das Chriſtenthum Feuer und
Schwerd in der Hand, und die Cortezze
und Pizarros mit ihren Grauſamkeiten,
die amerikaniſchen Völker ausgerottet,
aber nicht bekehrt haben, und die Mißio-
nairs ſich aus China mit ihren intoleran-
ten und unruhigen Lehren haben vertrei-
ben laſſen müſſen, hat der Mohammedismus ohne Mißion und Gewalt daſelbſt einen beträchtlichen Fortgang ge-

D. 4.   habt

517. Das ganze 47ſte Capitel, welches
dieſe Stelle enthält, iſt der Empfehlung
des Religionskriegs gewidmet. Anm.
D. Ueberſ.

habt *).   Die Hälfte von Indien iſt
moham-

*) Der Ueberſetzer hat nicht Luſt, ſich mit
dem Herrn Verfaſſer in theologiſche Strei-
tigkeiten einzulaſſen.   Er überläßt daher
die Ausfälle dieſer Art, welche hin und
wieder vorkommen, dem Urtheil des Pu-
blikums.   Alles, was der Verfaſſer ſagt, iſt
längſt ſchon geſagt, und alles, was dar-
wider geſagt werden kann, haben die
Theologen gleichfalls ſchon lange erſchöpft.
Vermuthlich iſt dies dem Herrn Verfaſſer
nicht unbekannt! — Die Materie aber,
von welcher hier die Rede iſt, nämlich die
Vergleichung des Mohammedismus und
des Chriſtenthums hat auch für den bloßen
Hiſtoriker mehr Seiten, als hier der Verfaſſer ſeinen Leſern vorzeigt.   Es iſt doch
bekannt, daß die Lehre Mohammeds ſich
weit mehr durch Feuer und Schwerd ausgebreitet hat, als die Lehre Chriſti.   Das
byzantiniſche Kaiſerthum, Perſien, Indien
und Spanien ſind Beyſpiele genug.   Die
wenigen Mohammedaner, welche in Sina
leben, ſind blos durch den Zufall oder die
Handlung in dies Land gekommen, und nie
hat ſich die mohammedaniſche Religion dort
auch nur ſo weit ausgebreitet, als die chriſtliche.   Die einzigen Länder, wo ſich der
Mohammedismus ohne Gewalt feſtgeſetzt
hat, ſind, wenn ich nicht irre, die Inſeln des indiſchen Meers und ein Theil des
ſüdlichen Rußlands — Das Chriſtenthum
dagegen

mohammedanisch *). Die türkische Toleranz geht so weit, daß die Sclaven von
jeder Religion in dem Sclavenhause zu Constantinopel ihre freye Religionsübung haben,
und daß die Priester vermittelst einer kleinen

D 5　　　　　Abga-

dagegen ist nie glücklich gewesen, wenn es
sich mit Feuer und Schwerd ausbreiten
wollte.　In Südamerika, wo es Cortezze
und Pizarres predigten, ist es gehaßt,
und in Grönland, wohin es von liebevol-
len Herrnhuthern überbracht wurde, geliebt.
— Warum will der Herr Verfasser die Ent-
schuldigung, womit er die Mängel des Mohammedismus bedeckt, „die Unvoll-
kommenheit aller menschlichen Dinge„
nicht auch bey dem Christenthum gelten lassen? Jede Religion verliert in einer Folge
von Jahrhunderten von ihrer ursprünglichen
Reinigkeit, und bekömmt Schlacken und
Zusäze, wenn sie zum Werkzeuge, zur
Decke von mancherley Leidenschaften und
Absichten gebraucht wird! Unser neues
Testament predigt doch gewiß die Toleranz eben so gut, wie der Koran; aber
freylich fehlt es nicht an christlichen und
türkischen Muftis, welche Verfolgung und
Feindschaft in reichlichem Maaße heraus zu
exegesiren wußten! Anm. d. Uebers.

*) Genau genommen ist dies nicht richtig.
Der Mohammedismus hat sich in Indien,
zwar weit ausgebreitet, aber nicht viele
Prose-

Abgabe an den Auffeher frey hinein gehen können, um die Beichte anzuhören.
Nach allen diefen muß man eingeftehen,
daß die Verfaffung der Religion, der Gefetze und der Policey in der Türkey gut ift,
und daß die Urfache der Mängel, die
darinn herrfchen, vielmehr die Unvollkom-
menheit der menfchlichen Dinge im Allgemeinen und die Schwachheit derer, welche
diefe Gefetze vollziehen, fey, als der Fehler
des weifen Gefetzgebers, der fie angeord-
net. Mohammed hätte mit dem Solon
fagen können: Er habe feinem Volke die
beften Gefetze gegeben, deren es fähig war.
Die ausübende Gewalt hat die Lafter des
Despotismus und die fchädliche Kunft, den
Gefetzen durch Chikanen auszuweichen, eingeführt. Dies ift die Urfach, warum jeder
Unterthan, befonders die Infulaner, die
türkifche Regierung der venetianifchen und

aller
Profelyten gemacht: er hat fich mehr
eingedrungen als feftgefetzt. Man findet faft an allen Orten von Indien Mohammedaner, aber allenthalben machen fie
die kleinfte Zahl aus. Die Eingebornen des
Landes leben noch itzt in ihren verfchiednen
Caften und Religionen, wie bey der erften
Ankunft der Mogolen. Und felten nehmen
fie die mohammedanifche Lehre an. Anm.
d. Uebers.

aller europäischen vorziehen. Dies ist die Ursach, warum man in der Levante die höchste Macht, und das größeste Glück in den Reichthümern setzt; weil man sich mit dem Golde Gerechtigkeit *) und Achtung versprechen kann. Man kann sagen, wie jener Pachter dem Marschall von B . . . antwortete: „Man hängt keinen Menschen auf, der über hundert tausend Thaler zu ge-bieten hat.„ Diese schändliche Begierde nach Reichthum, erstickt die sanftesten und heilig-sten Empfindungen; die Empfindungen der Freundschaft, selbst die Bande der Bluts-freundschaft werden hier verkanut. Jeder denkt nur an sich selbst. Die Weiber ken-nen die Empfindung der Liebe nicht, sie er-geben sich den Reichthümern, dem Putz, zuweilen dem Eigensinn aus Temperament, niemals der Empfindung der Liebe! Dies rührt von der Erziehung her. Denn ihre Physionomien kündigen große und edle Seelen an, die der schönsten Gesinnun-gen fähig sind.

*) Widerspricht dies nicht der vorhergehenden vortheilhaften Schilderung der türkischen Regierung? Ist das wohl ein glückliches Land, das allen europäischen Ländern vor-zuziehen wäre, wo man sich durch Gold der Gerechtigkeit versichern kann?

Zehntes

Zehntes Capitel.

Reflexionen über das Clima der Levante und dessen Einfluß.

Beschreibungen und Bemerkungen über die Pest.

Die Herrschaft des Climas ist die erste von allen;„ Montesquieu Geist der Gesetze. Ich habe schon in der Beschreibung von den Inseln des Archipels und von Athen bemerkt, aus welchem Irrthum ich, in Ansehung des gelinden und gemäßigten Climas von Griechenland, bin gerissen worden. Wie unangenehm sind die herrschenden Nord- und Nord-Ostwinde, die in einem Jahre acht Monate nach einander anhalten! Ich füge noch hinzu, daß die Veränderungen und Abwechselungen dieses Clima erschrecklich sind, und daß des Sommers in einem Tage am Thermometer oft ein Unterschied von vier bis fünf Graden ist. Wenn der Südwind zu wehen anfängt, so ist die Hitze sehr beschwerlich. Der

herr-

herrſchende Nordwind bringt Kälte und
die rauhe, empfindliche Luft mit ſich,
welche dem Clima der Levante eigen iſt.
Virgil ſtellt die Unbeſtändigkeit des griechiſchen Climas lebhaft vor, Aeneid. B. 3. „vix
prima incoeperat aeſtas. „— „Inde (von
Abſynthus oder Aenos an der Mündung
des Hebrus in Thracien) vbi prima fides
pelago, placataque venti Dant maria,
et lenis crepitans vocat auſter in al-
tum. „ Horaz kommt immer zu den reizenden Gegenden um Rom zurück, und verachtet in Vergleichung mit ihnen Griechenland. Man darf nur die alten griechiſchen Schriftſteller durchblättern, ſo
kann man ſich überzeugen, daß ſie ſelbſt
die Strenge ihres Clima empfanden.
Wie lobt Pauſanias nicht das Clima von
Jonien? Welche ſchöne Beſchreibungen
geben nicht andre Schriftſteller von Italien, von Sicilien, von Spanien? Ihre
eigene Geſchichte iſt voll von Stürmen.
Jeden Augenblick findet man Ungewitter,
Erdbeben, die ſie für glückliche oder unglückliche Vorbedeutungen hielten, und
die die Unbeſtändigkeit des griechiſchen
Clima beweiſen. „In dem gemäßigten

Län-

Ländern, sagt der Herr von Montesquieu, wird man Völker finden, die in ihren Manieren, selbst in ihren Lastern
und Tugenden unbeständig sind. Das
Clima ist in denselben nicht beständig genug, um sie selbst beständig zu machen.„
Es scheint fast, als ob dieser Schriftsteller von Griechenland hätte reden wollen.
Denn die Einwohner desselben sind noch,
wie sie immer gewesen sind, veränderlich
wie der Wind und ausschweifend, sie lassen
sich von Tugenden zu Lastern fortreißen.
Der herrschende Character der griechischen
Nation, die Unbeständigkeit, und ihre ungestümen Affecten haben sie jederzeit von
andern Nationen unterschieden. Eben die
Athenienser, die den Sokrates verdammten
den Giftbecher auszutrinken, seufzen bald
nachher auf seinem Grabe. Nachdem sie den
Aristides durch die Mehrheit der Stimmen
verbannet haben, erkennen sie seine Tugend
und verehren ihn. Doch eben die Athenienser, die ihre und ganz Griechenlands
Freyheit bey Marathon gegen das ganze
persische Reich vertheidigt haben, werden
darauf die niedrigsten Sclaven der Römer.
Vergebens will Demosthenes den alten

Patrio-

Patriotismus in den Herzen seiner Mitbürger
wieder aufwecken; man siehet seine philip-
pischen Reden als ein verdrießliches Ge-
wäsch an, und denkt an nichts, als an die
Vergnügungen, und an die Schaubühne.
Es lassen sich noch andre Dinge durch das
Clima in der Levante aufklären. Es scheint
die Polygamie für erlaubt zu erklären,
durch die Anzahl der Weiber, welche die
Anzahl der Männer weit übertrift, obgleich
das türkische Reich seit eines Menschen Alter keinen Krieg gehabt, und hier weder
Colonien noch große Schiffahrten sind.
Der beständige Gebrauch der Pelze und
der mit Pelz gefütterten Kleider, die un-
gemeine Höhe der Mützen und der Turbans,
der alte Gebrauch, viele Kleider, auch
mitten im Sommer, eins über das andere
zu tragen, haben noch eine Beziehung auf
das unbeständige und bey dem Nordwinde
ungestüme Clima, das daselbst herrscht
und häufig Seitenstechen veranlasset. Die
Gewohnheit, an der Erde mit kreuzweise
über einander gelegten Füßen zu sitzen,
kommt aus Arabien, wo die große Hitze
die Fibern und Nerven ausdehnt, so daß
man sich ruhiger befindet, wenn man die

Glie-

Glieder zusammen zieht, als wenn man
sie ausdehnt. Uebrigens ist die orientalische Kleidung zu dieser Gewohnheit viel be-
quemer, weil man darinn nicht so gebunden
und gezwungen ist, als in der unsrigen.

Die Unbeständigkeit, die Freyheit, die
Munterkeit, der griechische Scharfsinn sowohl der Alten als Neuern, selbst die alte
Tapferkeit und Muth, lassen sich sehr gut
durch den Einfluß eines gemäßigten Clima, einer mehr kalten als warmen, trocke-
nen, heitern, frischen und empfindlichen
Luft, erklären. Ich wundre mich nicht,
wann ich in ihrer Geschichte so viel bürger-
liche Tugenden und Privatlaster antreffe.
Allein die glückliche und schöpferische Einbildungskraft ihrer alten Artisten, das
Genie des Phidias und Praxiteles, des
Apelles und Zeuxis, lassen sich nicht
mit dem ungestümen Nordwinde vereinigen. Ihr Geschmack, ihre Delicatesse, ihre Empfindsamkeit konnten nicht
mit den plötzlichen Veränderungen der Kälte
und Wärme des Clima von Athen, dem
ganzen Peloponcs und Archipel, überein-
stimmen. Die Nacheiferung des Ruhms,
der bedeckte Gang zu Athen, die öffentlichen

lichen Spiele und Verſammlungen erhitzten
die Genies dieſer großen Männer, und die
Schulen, wo man die ſchöne griechiſche
Jugend ganz entkleidet ſah, verſchaften ihnen Gelegenheit, die ſchöne Natur zu bewundern und nachzuahmen. Die Dicht-
kunſt, beſonders der Mahler der Ideen,
Homer, lehrte ſie Götter aus Marmor
machen, und dadurch, daß er die hohen Ideen
realiſirte, die Natur übertreffen; ſo wie ſich
Phidias rühmte, er hätte den Jupiter in
einer Erſcheinung geſehen, und hernach
ſeine Statüe zu Olymp verfertigt. Alle
dieſe glücklichen Umſtände kamen zuſam-
men, um das Hinderniß des Clima zu
überwinden, und gaben den Griechen vor
allen andern Nationen in Anſehung des
Geſchmacks, der Künſte und Wiſſenſchaften den Vorzug. Indeſſen ſieht man,
wie leicht die Sicilianer die Griechen nachahmen. Die ſyracuſaniſchen Medaillen,
die Menge der Statüen, welche Verres
von da nach Rom mitnahm, die Denkmäler zu Agrigent, ſo viele Preiſe, welche
die Sicilianer in den olympiſchen Spielen
davon trugen, reden zum Beſten ihres
Clima; unterdeſſen daß eben die Griechen,

P   die

die sich in Thracien, Byzanz, am Bosphorus oder an den Ufern des Hebrus,
niedergelaſſen hatten, durch ihr bäuriſches
Weſen und Unfähigkeit zu den Künſten
und Wiſſenſchaften bewieſen, welch einen
großen Einfluß das Clima auf das Genie
und den Geſchmack habe.

So unangenehm auch die Monate Junius, Julius, Auguſt, und September
wegen der Abwechſelung einer brennenden
Hitze, und eines anhaltenden und ungeſtü-
men Nordwindes ſind; ſo ſtille, gelinde
und angenehm hab' ich den October und
November gefunden, welche die Sommer-
monate dieſes Landes ſind. Die Kälte fängt
im December an, und dauert bis in den May.

Um die Abwechſelung des Clima in
Conſtantinopel beſonders zu beweiſen, füg'
ich eine meteorologiſche Beobachtung des
Doctor Mackenſie bey, der ſeit fünf und
zwanzig Jahren täglich dergleichen Beobachtungen anſtellt und ſie der königlichen
Geſellſchaft in London mittheilet. Von
31ſten Januar 1769. bis zum 1ſten Februar differirte das farenheitiſche Thermometer funfzehn Grade, das torricelli-
ſche zehen Grade. In der Nacht vom

30ſten

30ſten bis zum 31ſten Januar entſtand
ein Ungewitter mit Donner und ſehr ſtar-
ken Blitzen, und in der Nacht vom 31ſten
Januar bis zum 1ſten Februar, fiel drey
Fuß hoch Schnee.

Die Peſt, dieſe ſchreckliche Geißel der
Levante — welche in dem ganzen Morgen-
lande ſo viel Menſchen aufreibt, iſt
viel ſchrecklicher, als das Uebel; das
mit dem amerikaniſchen Gold und Sil-
ber aus Weſten gekommen. Denn dies
Uebel, wenn es auch die menſchliche
Natur ſogar in dem Augenblicke des Ver-
gnügens und der Fortpflanzung anfällt,
iſt wenigſtens nicht ſo anſteckend, noch ſo
tödtlich, als jenes, das dem Kranken aller menſchlichen Hülfe und Geſellſchaft beraubt; ſein Hauch iſt anſteckend, ſeine
Kleider, alles was er berührt hat, führt
den Tod mit ſich; — Die Peſt, ſag' ich,
iſt das größeſte Uebel der menſchlichen Natur. Dies Uebel macht die Pflichten der
Menſchlichkeit, die Bande der Geſellſchaft,
die Empfindung der Freundſchaft, alle
Vorzüge des menſchlichen Geiſtes vergeſſen.
Der Sohn verkennt ſeinen Vater, und
verläßt ihn, die Frau ihren Mann. Keine

P 2   Bluts-

Blutsfreundschaft, kein Stand, kein Recht
auf das Mitleiden andrer, bleibt dem
unglücklichen Pestkranken übrig. Nur
der Tod ist sein einziger Wunsch! Die
Pest ist nicht in der Luft, aber sie ist
ansteckend; nicht epidemisch, aber sie greift
erstaunend geschwind in einer Gegend
um sich. Dies ist das Raisonnement aller
Aerzte, welche diese grausame Krankheit
beobachtet haben. Aber wie beobachten
sie dieselbe? In ihren Studierstuben eingeschlossen, ohne sich einem mit der Pest
Behafteten zu nähern, ohne sich der Gefahr auszusetzen, einen todten Körper zu
öfnen, ohne darauf zu denken, diese Krankheit zu studieren, weil sie nichts einbringt,
hingegen einen Arzt, aus Furcht an-
gesteckt zu werden, von allen übrigen
Kranken entfernen würde. Diese Krankheit ist unheilbar, und nach diesem Grund-
satze läßt man diese armen Unglücklichen,
welche diesem grausamen Schicksale unterworfen sind, ruhig wegsterben. In der
festen Ueberzeugung von ihrer absoluten
Prädestination, verachten die Türken den
Beystand der Kunst, leisten aber doch den

Kranken

Kranken alle Hülfe, wenigstens alle mög-
liche Linderung. Das Kind stirbt in den
Armen seiner Mutter, der Mann wird von
seiner Frau bewacht und gewartet, der
Sohn entfernt sich nicht von seinem Vater
und wann er seinen Seegen bekommen,
drückt er ihm nach seinem Tode die Augen zu. Die Natur behauptet ihre Rechte
und was noch mehr ist, viele kommen
glücklich durch. Ich habe viele Türken,
welche die Pest mehrmal gehabt hatten,
in der besten Gesundheit gesehen; Weiber,
Söhne, die ihre Männer und Väter ver-
pflegt, ohne daß sie dieselbe bekommen
haben; andre Familien sind zwar durch
diese Krankheit ausgestorben. Die Seuche ist also nicht ganz allgemein und un-
vermeidlich. Diese Krankheit scheint auch
vielmehr erblich zu seyn, weil sie der Mann
selten von der Frau bekommt, und umge-
kehrt, da man doch nahe Blutsfreunde,
sogar in verschiedenen Jahren, an der
Pest sterben siehet. Herr Rolland, ein
französischer Kaufmann in Constantinopel,
verlohr seine Frau zu einer Zeit, wo keine
Pest im Lande wütete. Er und das ganze
Haus, welches sie gewartet hatte, beka-

P 3   men

m n keine Anfälle. Aber viele von den Verwandten der Frau, zwo Schwestern u. s. w. waren einige Jahre vorher daran gestorben. Herr Bianchi, erster Dolmetscher des römischen Kaysers, kommt von der Pforte nach seinem Hause zurück, umarmt sein zweyjähriges Kind, bringt ihm die Pest mit, ohne daß weder die übrigen Kinder, noch die Mutter, noch er selbst, noch jemand aus seinem Hause, sie bekommt. Wie kann man dies unbeständige Uebel beschreiben, das sich verändert, und unter so viel verschiedenen Gestalten zeigt!

Zu sagen, daß diese Krankheit unheilbar ist, weil man sie nicht heilen kann; daß sie ansteckend ist, weil man vor ihr fliehet, ist eine eben so ungereimte als schädliche Behauptung! Die weise und vorsichtige Natur hat für jedes Uebel sein eigenthümliches Gegenmittel gegeben, und was noch mehr ist: unter jedem Clima findet man Pflanzen, welche die herrschenden Krankheiten zu heilen geschickt sind. So findet man in Amerika das Quinquina, wo die Fieber am gefährlichsten sind, und der Merkurius kommt aus diesem Welt-

Welttheile zu uns, wenn man gleich, in einer langen Zeit nicht wußte, daß dies das rechte und eigentliche Mittel gegen die venerischen Krankheiten sey. So sind auch in den nordischen Ländern, wo der Scorbut mehr Verwüstung als in den mittäglichen anrichtet, die antiscorbutischen Mittel stärker als in den warmen Ländern. Der Schierling, — das erste bekannte eigentliche Mittel gegen diese Krankheit, — ist in Norden, in Deutschland, in Schweden viel stärker und heftiger als in den Königreichen Neapolis und Sicilien; so auch die Kresse, der Körbel, der Sauerampfer. Warum sollte man nun läugnen, daß es ein eigentliches Mittel gegen die Pest gebe, und ein Palliatif gegen diese Seuche, weil man es nicht kennt? Dies gleichet dem Raisonnement über die Gegenfüßler, ehe man sie kannte!

Die Pest entstehet von dem Anrühren eines mit derselben Behafteten, oder einer leblosen Sache, die dies Gift an sich gezogen hat, oder auch wohl von dem Einhauchen der pestilenzialischen Ausdünstungen. In dem ersten Falle kommt man

P 4 zuwei-

zuweilen davon, in dem letztern iſt ſie faſt
allezeit tödtlich. Man kann hieraus ſchließen, daß dies Gift die Nerven und noch
irgend einen andern Theil des Körpers angreife, daß es ſehr ſubtil und flüchtig iſt,
und daß, wann es in die Lympha und
lymphatiſchen Gefäße eindringt, es mit
einer erſtaunenden Geſchwindigkeit in die
Nerven gehe, ſie angreife, und ſie ſo
ſchlaff mache, daß ſie ihre ganze Elaſtici-
tät verlieren. Dies wird dadurch bewieſen, daß ſich dieſe Krankheit, wenn ſie
durch das Athemholen entſtanden iſt, bis
ins Gehirn fortpflanzet, den Sitz der or-
ganiſchen Nerven verderbt und tödtet, da
ſie ſich hingegen, wenn ſie durch das Anrühren entſtanden iſt, ſpäter äußert, unter
andern Symptomen erſcheint, und die
Kranken zuweilen dem Tode entreißt, wenn
ſie das Gift durch die Peſtblaſen austreibt.
In dem erſten Falle fängt ſie mit heftigen
Kopfſchmerzen an, und hört mit Raſerey
auf; in dem zweyten mit Nierenſchmer-
zen, Colik und Erbrechen. Alles, was
ſchwächt, tödtet die Kranken. Das Ader-
laſſen oder Purgiren hilft niemals. Die
ſcharfen Salze (acida), die ſtärkenden
Sachen,

Sachen, ein laues Bad, um das Gift gegen die Schweißlöcher zu treiben, sind die
Mittel, die man anwendet; gekochtes
Reißwaffer, ist die Nahrung, die man ihnen giebt; die Kälte ist tödlich).

Dies ist kürzlich die bekannte Geschichte
der Pest! Niemand hat über eine, für
die ganze Menschheit so interessante Krankheit, mit genug Präcision geschrieben, und
die Ungewißheit und vorausgesetzten Mey-
nungen gehoben. Das Beste, was ich
über diese Materie gelesen habe, ist: Schrei-
beri differtatio de pestilentia odzakouii.
Man erlaube mir einige Reflexionen anzu-
hängen.

Der Caffee und der Taback, — zwey
Dinge, wovon man in der Levante so vielen Gebrauch macht, zwey schlafbringende
und zwey alkalische Substanzen — könnten die Körper vielleicht zu diesem Gifte
zubereiten, das nichts anders als ein so
mächtiges Alcali ist, daß kein Acidum im
Stande ist, es in Mittelsalz aufzulösen,
und das sich an den Fibern und Nerven
festsetzt. Der scharfe und beissende Eiter
der venerischen Krankheit, der Scorbut

und

und der Aussatz, die zwar ein Alkali, aber
in der Masse des Bluts vertheilt sind,
sind sehr verschieden.   Die Aussätzigen bekommen niemals die Pest, und in Candien
nehmen die mit der Pest Behafteten, zu
den Hütten der Aussätzigen, deren es auf
dieser Insel viel giebt, ihre Zuflucht, ohne
sie jemals anzustecken.   Herr Peyssonnel,
französischer Consul in Smyrna, hat dies
in seiner, noch im Manuscript befindlichen,
Geschichte von Creta, sehr gut auseinan-
der gesetzt.   In dem Blute der mit der
Pest Behafteten findet man kein Zeichen,
daß es verdorben wäre: sonsten sind die
Folgen der überstandenen Pest Zusammen-
ziehungen in den Gliedern, eine Schwäche,
und andre Kennzeichen eines verdorbenen
Nervensystems.   Man kann daraus schliessen, daß diese Krankheit nichts anders
als ein alcalisches Gift ist, das sich an den
Fiebern ansetzt, die Lympha verdirbt und
diejenigen tödtet, die nicht stark genug sind,
dieser mächtigen Verdorbenheit zu widerstehen; um so vielmehr da sich die Türken
bey dem häufigen Gebrauche des Caffee,
Tabacks, Reißes, Zwiebeln, — alles
Dinge, die mit Alkali angefüllt sind, —
der

der scharfen und auflösenden Mittel wenig
bedienen. Der Wein ist ihnen verboten;
sie nehmen wenig Weineßig und Citrone
zu sich; alle Früchte der Levante sind
mehr wasserreich als sauer. Sie sind auch
mit Feuchtigkeiten angefüllt, die bey ihrer,
an das Sitzen gewöhnten, Lebensart nicht
circuliren, und es ist fast kein Türke, der
nicht eine oder mehrere Fontanellen habe.

Im Jahr 1765 hab ich zu Lausanne
in der Schweiz bemerkt, daß, so lange
daselbst im Monat Junius ein sehr kalter
Nordwind herrschte, nachdem die Hitze
schon angefangen hatte, sich eine faule
Krankheit äußerte, welche die Kranken in
sechs bis acht Tagen tödtete. Die Symptomen der Krankheit waren eine Colik und
ein Durchfall, auf den eine Schlafsucht
und ein hitziges Fieber folgten. Man ließ
die Kranken aus der Ader, und sie star-
ben. Diese Symptomen und die übeln
Folgen des Aderlassens sind eben die, welche sich bey der Pest äußern, und diese
Krankheit war ihr ähnlich, wenn sie gleich
weder so heftig noch so ansteckend war. Sie
hatte sich im Sommer bey dem kalten
Nordwinde zuerst geäußert, wie die Pest in

der

der Levante gewöhnlich thut. Ich leite
daraus eine Vermuthung her, ob der kalte
Nordwind, — der den ganzen Sommer in
der Levante, aber fürnemlich in Egypten,
das zu allen Zeiten der Sitz der Pest gewesen ist, wehet, — ob der Nordwind sie nicht
in den Körpern veranlassen könnte, die so
genährt und disponirt werden, wie ich oben
beschrieben habe? Dieser kalte und trockene
Wind, verstopft die, durch die Hitze geöf-
neten Schweißlöcher, und verhindert auf
einmal die starke Transspiration dieser
feuchten Köper. Die Hitze hat die Feuchtigkeiten vorher in Gährung gebracht, und
sie gegen die äußern Theile des Körpers
hervorgedrängt. Diese Feuchtigkeiten, die
durch die verstopften Schweißlöcher nicht
mehr durchdringen können, und schon in
Gährung sind, gehen in Fäulniß über,
fließen in die Lympha und bringen die
Pest hervor. Wenn diese Feuchtigkeiten
Geschwüre, die man Pestblasen nennt, her-
vortreiben, so geht das Gift heraus, und
der Kranke kann durch eine gute Diät genesen. Man sollte also Bezoar Pulver,
Theriak und andere schweißtreibende Mittel
gebrauchen, um sich vor dieser Krankheit
zu

zu verwahren, und laue Bäder, um davon zu genesen. Hieraus ist sichtbar,
warum die Pest in Egypten anfängt und
die meiste Verwüstung in diesem Lande
anrichtet, nämlich, weil der Nordwind
daselbst bey einer größern Hitze heftiger,
als in Griechenland, wehet, und das Volk
daselbst fast ganz nackend gehet, da man
in den übrigen Provinzen warm angeklei-
det ist. Wenn aber die Personen, die sich
einschließen, dieser Krankheit entgehen,
so glaub' ich, daß es vielmehr daher
kommt, weil sie den heftigen Erhitzungen
und dem Nordwinde entgehen, als weil
sie sich vor der Seuche verwahren. Denn,
wenn die Pest so ansteckend wäre, als man
glaubt, so müßte die türkische Sorglosigkeit
schon die ganze Nation weggeraft haben.

Die alte Geschichte scheint das, was
ich eben gesagt habe, zu bestätigen. Die
alten Griechen wurden oft von dieser Plage
heimgesucht; Virgil Aeneid. B. 3. redet
von einer heftigen Pest in Creta, — einer
Insel wo sie noch heut zu Tage oft wütet,
und große Verwüstungen anrichtet. —

„Et tandem antiquis curetum allabimur
oris. ——
—— —— Subi-

„ —— —— Subito cum tabida membris,
„Corrupto coeli tractu, miferandaque venit
„Arboribusque fatisque lues, et lethifer
         annus.
„Linquebant dulces animas, aut aegra tra-
         hebant
„Corpora. —— ——

Die Peſt zu Athen, zu den Zeiten des
Perikles, iſt bekannt, und von allen Ge-
ſchichtſchreibern, auch vielen andern in
verſchiedenen Epochen erzählt worden. Ob
ſie die Alten für anſteckend und epidemiſch
hielten, oder ob ſie die türkiſche Sicherheit hatten? ob ſie wie heut zu Tage aus
Egypten zu ihnen kam, oder ob ſie in
dem Lande ſelbſt ihren Urſprung hatte?
wären Aufgaben, die verdienten von un-
ſern Gelehrten aufgelößt zu werden!

Eilftes

Eilftes Capitel.

Von dem Handel der Franzofen und der übrigen Nationen in der Levante. Von dem Handel auf dem fchwarzen Meere.

Frankreich treibt faſt allein die Handlung in der Levante *). Die Nähe,
der wohlfeile Preiß feiner Waaren, haben
ihm

*) Außer Frankreich hat Rußland mit den
Türken noch einen fehr anfehnlichen und
vortheilhaften Handel, der einträglicher iſt,
als aller europäifchen Nationen ihrer. Außer
Leder, Leinwand und andre Manufacturen,
führen ihnen die Ruffen alle Arten von
Pelzwerk zu, das der wichtigſte Artikel ihrer
Handlung iſt. Sie fetzen fehr viel davon
ab, weil alle Türken bex derley Gefchlechts
zu jeder Jahrszeit Pelze tragen, und gewinnen dadurch ungemein. Den meiſten
Profit haben fie von den Wafferzobeln, Füch-
fen und Hermelin. Sie nehmen nur
wenig Waaren z. E. Limonen, bereitetes
Leder und trockene Früchte —— alles wohlfeile Artikel —— mit zurück. Vermuthlich hat der Herr Verfaffer diefe Bemerkung, die Bufinello macht, übergangen,
weil

ihm dieselbe erworben; der Credit und
die Menge französischer Schiffe, die dahin gehen, unterhalten sie.

Frankreich treibt einen sehr vortheilhaften Handel mit der Levante.   Es führt die
Producte derselben roh heraus, und bringt sie
verarbeitet zurück.   Die Lebensmittel, verkauft es an andre Nationen wieder.   Es
macht die Carvanen oder bringt die zur
See reisenden Kaufleute von einem Ort zum
andern, welches für die Küsten von Provence
ungemein vortheilhaft ist.

Es führt, zum Beyspiel, aus Constantinopel natolische und andrinopolitanische
Wolle aus; aus Morea Getraide, Oel und
Honig; aus Smyrna ungearbeitete und
gesponnene Baumwolle,   und das ausnehmend fein gesponnene angorische Ziegenhaar, welches die theuerste Waare
der Levante ist; von allen Küsten Sy-
riens, von Aleppo bis nach Jaffa, Seide
und Baumwolle; aus Egypten, Reiß,
Caffee und Materialwaaren.   Ihre Einfuhr besteht in einer großen Menge Tücher

weil ißt der Handel mit Rußland wegen des
Krieges unterbrochen seyn wird.   Anm. d.
Uebers.

Tücher für alle diese Handelsstädte, in amerikanischen Caffee und Zucker, Indigo, Galanteriewaaren und allerhand kleine Kaufmannswaaren (quincaillerie).

Um diese Artikel ein wenig aus einander zu setzen, folgt hier der jährliche Handel, den Frankreich mit Smyrna hat. Es sind daselbst vierundzwanzig reiche, französische Häuser. Frankreich schickt fünftausend sechshundert Ballen Tuch, (der Ballen enthält zehen Stück) viel Zucker und amerikanischen Caffee, Indigo, und Cochenille dahin. Es zieht aus Smyrna funfzehen bis sechzehn tausend Ballen Baumwolle, Ziegenhaar und Seide. Seine Bilance mit dieser Handelsstadt beträgt auf achtzehen Millionen französische Livres. Die Ein- und Ausfuhr geht fast allezeit gerade auf; aber Frankreich gewinnet dabey die Fracht mit seinen Schiffen, und die Beschäftigungen seiner Fabriken und Manufakturen.

Die levantische Unwissenheit und Trägheit hat doch, so zu sagen, zwey Geheimnisse, welche die französische Industrie noch nicht hat entdecken können. Das erste ist das Geheimniß, die Baumwolle

Q   roth

roth zu färben. Es ist zwar in Frankreich
bekannt, aber man führt es in Smyrna
mit wenigern Kosten aus, weil die Garanz
und Alisari in dieser Gegend wilde Pflanzen
sind, die man in Frankreich mit Sorgfalt
warten muß; — beyde sind zu dieser Farbe
nöthig; — und weil die Handarbeit durch
Sclaven, folglich mit wenigern Kosten,
verrichtet wird. Außerdem behauptet
man, daß das Wasser in Smyrna eine
besondre Eigenschaft zum Vortheil dieser
Farbe habe, aber ich glaube es nicht. —
Das zweyte ist die Kunst, das Ziegenhaar ganz rein ohne Zuthun der Wolle zu spinnen. Dieß bringt die fürtreflichen Camelots und Chalins von einer
ausnehmenden Feinheit zu Stande, die in
Angora verfertiget werden. Ich habe
keine Gelegenheit gehabt, das Mechani-
sche dieses Spinnens zu beobachten, und
es kann nur der Nachläßigkeit der, sich in
Angora niedergelassenen, Franzosen zugeschrieben werden, daß uns diese Geschicklichkeit noch länger unbekannt bleibt.

Der Handel Frankreichs mit Constantinopel, bestehet in zwey tausend fünf hundert

dert Ballen Tuch, (nämlich feinen und keiner ſchlechten Sorte,) das eingeführt wird,
und in der Ausfuhr der andrinopelſchen
Wolle und bruſiſchen Seide.   Brus iſt
Pruſa der Alten in Bythinien.   Dieſer
Handel iſt ungleich, und die Ausfuhr
der Wolle iſt größer, als die Einfuhr
der Tücher.   Aber die Wechſelbriefe der
übrigen Handelsſtädte , beſonders der
Stadt Smyrna, gehen faſt alle durch die
Hände der franzöſiſchen Kaufleute nach
Conſtantinopel, weil die Waaren des ganzen Reichs nach dieſer Hauptſtadt gebracht
werden, ſo daß ſie ihren Unterhalt dabey
gewinnen, und den Handel gegen Tauſch –
dem beſten von allen – treiben.   Sie haben zur Sicherheit des Verkaufs der Tücher
eine ſehr weiſe Einrichtung, wenn ſie gleich
den Handel etwas aufhält.   Es iſt ein
Aſſecuranz-Haus, welches auf ſechzig El-
len Tuch, für ſieben Aſper oder zwey ein
drittel Parat Zins dem Verkäufer für den
Credit der Käufer, welches Armenier und
Juden ſind, gut ſagt.

Der Handel mit Egypten iſt itzt ſehr
gehemmt, weil die Ausfuhr des Reißes

und

und Caffees verboten ist, und weil die
Beys oder Herren des Landes die fremden
Nationen oft beleidigen. Die Holländer
und Venetianer haben den Handel mit
diesem Lande aufgegeben, und eine neue
Handlungsgesellschaft von Trieste, die sich
zu Kochira niederlassen wollte, wurde
1768. auf eine schimpfliche Art daraus
vertrieben. Die Franzosen halten sich daselbst besser, als die Uebrigen, und verkaufen ihre Tücher mit Vortheil, führen den
Reiß und Caffee als Contrebande aus, und
finden Mittel, sich aus der Schlinge zu
ziehen.

Ich schätze den jährlichen Handel Frankreichs mit der Levante, auf fünf Millionen Livres reinen und baaren Profit.
Dies ist meine Berechnung. Es kommen jährlich achtzig bis neunzigtausend
Ballen Waare, als Seide, Wolle, ungearbeitete oder gesponnene Baumwolle
und dergleichen Ziegenhaare aus der Levante, in die Kranken- und Spinnhäuser zu
Marseille, die kleinen Waaren der Schifs-
capitains ungerechnet. Wenn ich den
Ballen dreyhundert Livres an Werth schätze

(ein

(ein mittelmäßiger Werth, denn wenn die
Wolle wohlfeil ist, so ist doch die gesponnene Baumwolle, die Seide und das Ziegenhaar theurer,) so kommt eine Summe
von vier und zwanzig Millionen heraus.
Denn, wenn sie den Kaufleuten nur zehn
Procent Profit einbringt, — das wenigste,
was sie gewinnen können, — so beträgt
dies schon für Frankreich zwey und eine halbe Millionen Gewinn, ohne den Profit von
den Frachten der Schiffe zu rechnen. Eben
diese Waaren, die in den Manufakturen
des Reichs verarbeitet und so in die übrigen Welttheile wieder ausgeführt werden,
bringen noch den Profit für die Handarbeit, für die Mühwaltung des Kaufmanns
und Schiffsfracht, ein, — alles reiner
Profit für Frankreich, den man noch
wenigstens auf zwey und eine halbe Millionen Livres schätzen muß, — die
innere Consumtion abgerechnet; diese beträgt fünf Millionen Livres auf die jährliche
Ein- und Ausfuhr dieses Handels.

In wiefern dieser Handel dem innern
Ackerbau schädlich seyn, und wie sehr er sich
zum Vortheil Frankreichs vor den übrigen

Natio-

Nationen Europens vergrößern, und ein Monopolium werden könnte, wenn ihn das Ministerium in Frankreich nicht durch übel angebrachte Einschränkung hemmte? sind Fragen, deren Beantwortung ich nicht auf mich nehme.

Ein Zweig der Handlung sind noch die fremden Geldsorten, die wie Kaufmanns-waare angesehen werden, die venetianischen Sequinen, die spanischen Doubles, die Lisboninen, die deutschen Kayser- und badischen Thaler, bringen daselbst viel Vortheil — oft zwanzig bis fünf und zwanzig Procent — ein.

Aber das nützlichste für Frankreich ist der Handel der Caravane. Ein Schiff, das mit Waaren beladen, von Marseille absegelt, gewinnet dadurch seine Fracht, thut hierauf beständige Reisen von einer Handelsstadt der Levante nach der andern, wird von den Türken selbst, — welche wegen der Sicherheit der Schiffarth, und wegen der malthesischen Corsaren, welche sie sehr fürchten, die fremden Schiffe den ihrigen vorziehen, theuer gemiethet; führet die Hagis oder Pilgrimme nach Mecca,

Mecca, oder wieder zurück, und gewinnt
nachdem es auf diese Art zwey bis drey
Jahre lang herum gereiset, so viel, daß
es auf seine Rechnung beladen, wieder
nach Frankreich zurück kehren kann. Dieß
ist reiner und gewisser Profit für das Land.
Dabey haben funfzehn bis achtzehn Leute
in dieser Zeit gelebt, ohne aus ihrem Vaterlande einen Dreyer zu ziehen. Die
meisten französischen Schiffe der Caravane
sind von der Küste der Provence, Seigne,
Cistat, Caßis oder Toulon. Sie gewinnen von den Türken eine beträchtliche
Fracht; erstlich, weil sie die Schiffarth
besser verstehen, und beßre Schiffe haben,
als die Türken; zweytens, weil sie hin-
länglichen Fond haben, um für die Waaren, die man bey ihnen einschiffet, gut sagen
zu können. Kurz, weil sie in dem Credit
der Redlichkeit und Erfahrung stehen. Der
Transport des Tabacks von Leotychis,
des besten in der Levante, nach den übrigen Handelsstädten, ist in Ansehung der
Fracht der theuerste Artikel. Die Ragu-
saner haben eben diesen Handel angefangen, und treiben ihn zum Schaden Frankreichs, mit gutem Erfolg.

Die

Die Holländer treiben, nach den Franzosen, den besten Handel in der Levante,
wenn sie sich gleich werden gezwungen sehen, ihn aufzugeben. Sie setzen bey diesem Handel mehr zu, als sie gewinnen,
weil sie sehr entfernt, und ihre Waaren
theurer als die französischen sind. Das
einzige, was sie noch erhält, ist, daß sie
in Compagnie handeln, und diese Art
von Monopolium die kleinen Zweige ihrer
Handlung in einem hohen Preise erhält.
Außerdem haben sie noch den Vortheil,
daß sie die Produkte *) die sie aus der Levante mitbringen, in Deutschland wieder
absetzen. Eben so ist es mit dem ostindi-
schen Handel, wenn er gleich zum Nach-
theil Europens getrieben wird.

England handelt auch nach der Levante
durch eine Compagnie, welche ein aus-
schliessendes Privilegium hat. Sie führet
wenig Tücher **) ein, und führt viele Produkte

*) Die stärkste Retourfracht sind angorische
Ziegenhaare, die sie zu ihren Camelotten
gebrauchen. Anm. d. Uebers.
**) Businello führt an, daß die französischen
Tücher durch die Schönheit ihrer Farbe
und durch den wohlfeilen Preiß den starken
Absatz

dukte der Levante aus, die zu ihren Man-
nufakturen nöthig sind. Die Compagnie
steht sich bey diesem Handel schlecht, denn
ihre Unkosten sind sehr beträchtlich. Sie
besoldet den Ambassadeur bey der Pforte,
alle Consuls und muß Impost in England
bezahlen. Sie hat viel Schulden, aber
sie leihet lieber ihre Capitalien in der Levante zu Zwölf pro Cent Interesse als in
England zu sechs pro Cent, um daselbst
ihren Credit zu erhalten. Venedig treibt
wenig Handlung nach der Levante. Dä-
nemark und Schweden unterhalten bey
der Pforte mit großen Kosten Ministers.
Wenn man diese Ministers frägt, warum
sie daselbst residiren, so antworten sie la-
chend: daß sie es selbst nicht wüßten.

Der Handel mit Getreide ist in der Levante ein Schleichhandel. Denn die
Pforte verbietet allezeit die Ausfuhr desselben. Man besticht die Agas der kleinen
Städte, um bey dieser Ausfuhr Nachsicht
zu haben. Das Schiff hält sich an einer

Q 5 wüsten

Absatz der Engländer geschwächt haben, die
ehemals in Constantinopel, Smyrna und
Aleppo fünf und zwanzig tausend Ballen
verschlossen hatten. Anm. d. Uebers.

wüsten Gegend auf, die in diesem Lande
nicht selten sind, und die Caiken oder ein
heimischen Fahrzeuge führen demselben das
Getreide heimlich zu. Dies Getreide wird
in Italien und in Frankreich verkauft, man
kann denken wie theuer, da der Kaufmann
nach den Kosten des Transports, des
theuersten Einkaufs, nach der Länge der
Zeit noch funfzig bis sechzig pro Cent dabey gewinnet. Herr Cayrac, französischer Kaufmann in Morea, schickt jährlich
alles Getreide dieser Provinz, ohngeachtet des Verbots der Pforte, nach Marseille.

Die Interesse für Capitalien ist in der
Levante sehr hoch, eine Folge und Würkung einer despotischen Regierung, unter
welcher man aus Mangel der Handlung,
und Furcht der Unterdrückung das Geld
verbirgt, da es die Freyheit hingegen unter die Leute bringt, und die würkliche
Summe desselben durch den Credit ver-
doppelt. In England ist es vortheilhaft,
wenn man für noch einmal so reich gehalten wird, als man ist, und in der Türkey, wenn man um die Hälfte ärmer gehalten wird. Die römische und griechische
Kirche

Kirche erlauben so gar zehn pro Cent Zins
mit Sicherheit oder Hypothek. Die Tür=
ken und Juden, die Wucherer des ganzen
Erdbodens, leihen nicht anders als zu
funfzehn und zwanzig pro Cent auf Pfand,
auf die Schiffarth zu dreyßig pro Cent, weil
sie die Assecuranz nicht kennen. Der Handel
der Levante auf dem schwarzen Meere, ist
sehr vortheilhaft, weil er ausschliessend ist,
und die türkische Flagge allein auf demsel=
ben schiffen kann. Wann die Alten nicht
geschicktere Seefahrer waren, als die
neuern Griechen: so hatte Horaz sehr Ur=
sache, sich für dem Meer zu fürchten, und
den Erfinder der Schiffarth als einen Ver=
wegenen anzusehen. —

> —— — Illi robur et aes triplex
> Circa pectus erat, qui fragilem truci
> Commisit pelago ratem
> Primus —— — *Hor.* Ob. 3. B. 1.

Man muß über die Menge Fahrzeuge,
welche bey dieser Schiffarth scheitern, er=
staunen. Von zehnen geht gemeiniglich
eins verloren. Die Ströhme des bos=
phorischen Canals, die des Meers selbst,
welche von den großen Flüßen, die in dies
Meer

Meer fallen, herkommen; der schlechte
Bau der türkischen Schiffe, deren Hintertheil entsetzlich hoch ist, die ungeheuer
großen römischen Segel, accurat wie die
Schiffe haben, welche man auf den Ge-
málden des Herculans sieht; die Ungeschicklichkeit der Schiffer, die keinen Compas haben und nur mit gutem Winde segeln können: — sind die Ursachen dieser häufigen Schiffbrüche. Dieß Meer ist überdem sehr stürmisch, und man nennt es das
schwarze Meer, weil es beständig mit einem dicken Nebel, sogar an den heitersten
und hellesten Tagen, bedeckt ist. Seine
Wellen sind fürchterlich; Es zertrüm-
mert nicht so viel Schiffe als das mittel-
ländische. Man darf nur die Beschreibun-
gen der Alten von diesem Meere, die Reise
des Jasons, die Erzählung des Ovids
vom Pontus lesen, so wird man sich eine
Idee, die schwärzer als das Meer selbst ist,
davon machen. Die Griechen treiben meistentheils diesen Handel und diese Schiff-
farth; denn die Türken schiffen nicht viel
dahin. Sie führen den Wein von den
Inseln und alle Sorten von Waaren von
den Christen dahin. Sie bringen Honig,
Wachs

Wachs, Getreide, allerhand andre Lebensmittel mit, die in diesen Gegenden der See
nicht geachtet werden.   Die Türken ver-
bieten den fremden Fahrzeugen auf dem
schwarzen Meere zu schiffen, mehr aus Politik und Furcht, als zum Besten des Handels, aus eben dem Grunde, aus welchem
sie den fremden Kriegesschiffen den Eingang in die Dardanellen verwehren.   Die
Franzosen geben sich viel Mühe, um diesen
Handel frey zu bekommen.   Aber sie haben
viele vergebliche Ansuchungen gethan, um
diese Freyheit von der Pforte zu erhalten.
Man siehet nicht ein, daß er nicht mehr
so vortheilhaft seyn würde, so bald er frey
wäre.   Herr Peyssonnel, französischer
Consul in Smyrna und vorher in der
Krimm, hat einen umständlichen Bericht
von diesem Handel an seinen Hof gemacht,
der alle Vortheile desselben detaillirt.   Der
Centner der schweren Waaren, besonders
der Wein, zahlet einen Piaster Fracht,
welches den französischen Schiffen sehr zu
statten kommen würde.   Bey einer so beträchtlichen Fracht, und wann man noch
dazu dreyßig pro Cent Interesse bezahlt,
so

so gewinnet man doch mit dem Gelde, das
man in diesen Handel steckt. Dieß kommt
daher, weil der Profit nach der Gefahr,
die man dabey läuft, gerechnet wird.

Ich kann die erstaunende Dreustigkeit
der Alten in ihren Unternehmungen zu
bewundern, nicht unterlassen. Was ist
die Entdeckung von Amerika, mit dem
Compas, mit Fahrzeugen wie die unsrigen, mit der Kenntniß des Meers, die
wir jetzt haben, in Vergleichung mit den
Unternehmungen des Hannon von Carthago, der ohne Compas, bloß nach
dem Lauf der Gestirne und mit flachen
Fahrzeugen, die eben nicht gemacht waren,
in die hohe See zu segeln, die Meerenge
bey Gibraltar durchkreuzet, und die cana-
rischen Inseln entdeckt? Was ist sie in Vergleichung mit der Schiffarth des Jaso, der
sich diesem schwarzen Meere, das noch itzt
das Schrecken der Seefahrer ist, ohne
Charten überließ? Was ist des Prinzen
Eugens Uebergang über die Alpen, um
dem belagerten Turin zu Hülfe zu kommen,
in Vergleichung mit dem des Hannibals,
der mit seinen afrikanischen Elephanten ab-
reiset

reifet, Spanien und seine Flüsse, Frankreich und die Alpen durchziehet, und bis
an die Thore Roms Schrecken verbreitet?
Was ist er in Vergleichung mit dem Xenophon, der zehn tausend Bürger aus dem
innersten Asiens rettet, und sie zu Lande,
ohne Landcharten, mitten unter Feinden,
barbarischen Völkern, und tausend Hin-
dernissen nach Griechenland, zurück führt!
Dies bestätigt den Ausspruch, „Auda-
ces fortuna iuuat.„

Zwölftes

Zwölftes Capitel.

Einige historische und politische Bemerkungen über Constantinopel und das türkische Reich.

Constantinopel, Galata, Pera und Scutari mitgerechnet, ist mit weit mehr als einer Million Menschen bevölkert. Wenn man den ganzen Canal des schwarzen Meers mitrechnet, so kann sich die Bevölkerung noch auf fünfmal hundert tausend Seelen mehr belaufen. Man schätzt dieß nach der täglichen Consumtion von zwanzig tausend Killant Getreide; denn die Türken zählen die Einwohner in ihren Städten nicht: und wenn man sie darum fragt, so antworten sie: Kann man die Menschen in Constantinopel zählen! Der griechische Patriarch rechnet die Anzahl seiner Gemeinde auf zweymal hundert tausend. Armenier werden achtzigtausend, und Juden hundert und zwanzig tausend Seelen gerechnet. Cantemir giebt in Constantinopel, ohne Galata, Pera und Scutari, viermal hundert
dert

dert tausend Häuser an: aber diese Rechnung ist, ungeachtet der engen Gassen, der
kleinen Häuser dieser Stadt übertrieben,
weil ich sie halb von der Spitze des Phanar
bis zu den sieben Thürmen in einem Fahrzeuge und den übrigen Theil zu Fuße in
vier Stunden umgangen bin. Petrus Gyllius, ein Schriftsteller der mehr genau ist als
angenehm zu lesen, zählte im Jahr 1632 in
Constantinopel dreyhundert Mosqueen, mehr
als hundert öffentliche Bäder, mehr als hundert Kans, siebenzig griechische Kirchen,
zehen fränkische, sieben armenische, und
dreyßig Synagogen. Wann diese Stadt
so bevölkert ist, als ich eben gesagt habe,
so ist ihre Bevölkerung, in Vergleichung
mit Paris und London, wegen der Größe
ihrer Vorstädte, noch immer klein, weil sie
zugleich die Hauptstadt eines unermeßlichen
Reichs, der vornehmste Hafen, eine Handelsstadt, die Residenz des Oberherrn, das
Hauptquartier der Armee, endlich der Sitz aller hohen Gerichte und des Oberhaupts der
Religion ist. Wann man hierbey die Gegenden um die Stadt so entvölkert siehet,
so muß man sich über diese Bevölkerung

R nicht

nicht mehr wundern. Die Policey ist in
dieser Stadt sehr gut, wie ich schon oben
gesagt habe: Ihr vornehmster Zweck ist,
die nothwendigen Bedürfnisse in Ueberfluß
und in wohlfeilem Preise zu erhalten.
Das Brodt und das Fleisch sind auch würklich sehr wohlfeil. Die Fische und andere Delikatessen, welche den Geschmack der
Reichen zu ergötzen dienen, zahlen Impost, und sind sehr theuer.

Constantinopel wurde von Maho-
meth II. auf eine eben so sonderbare Art eingenommen, als Troja durch ein hölzern Pferd.
Der Hafen war geschlossen, und wurde von
den Griechen vertheidigt. Die Türken ließen
ihre Schiffe vom Besickstasch zwey Meilen
Weges zu Lande bis nach Laßim Pascha
bringen, welches der Ort im Hafen ist, wo
sich itzt die Schiffe und das Zeughaus des
Großherrn befinden. Man brachte sie
mitten in den Hafen, und machte sich dadurch zum Herrn der Stadt. Diese Anek-
dote hat etwas fabelhaftes an sich. Ich
berufe mich daher auf einen sehr angesehe-
nen Schriftsteller, den Fürst Cantimir.

Der

Der Theil der Stadt, der Phanar heißt,
die Wohnung der Griechen, ergab sich
auf Gnade und Ungnade und aus dieser
Ursach ließ man ihnen ihre Kirchen.

Diese Stadt ist beständig schrecklichen
und die Menschlichkeit darnieder schlagenden
Geißeln unterworfen gewesen.   Herr le
Beau bemerkt in seiner Geschichte des späa-
tern Kayserthums, daß immer von drey
bis fünf Jahren große Pesten, von fünf
bis acht Jahren große Feuersbrünste, von
acht bis zehen Jahren Erdbeben gewesen
sind.   Während meines dortigen, drey
Monate langen, Aufenthalts gieng keine
Woche hin, in der nicht Feuer ausgekom-
men wäre.   Die Einkünfte des Großherrn
kann man nicht leicht bestimmen.   Die
zufälligen Einkünfte übersteigen die gewissen, und jeder Sultan kann sie vermehren,
oder vermindern.   Die Zölle sind für
600000 Piasters verpachtet.   Hierzu
kommt das Kopfgeld der Rajas und die
Pacht aus den Provinzen.   Der Tartar-
chan und die Beys von Egypten geben fast
nichts mehr, und man hat mir versichert,
daß meistentheils die Casse, die alle Jahr

R 2   aus

aus Egypten kommt, und die man mit
vieler Pracht durch die Straßen in Constantinopel trägt, nicht einen Asper in sich
enthalte. Gemeiniglich rechnet man die
gewissen Einkünfte der ottomannischen
Pforte auf zwölf Millionen Thaler. Dies
kommt daher, weil der Großherr die Pach-
ten in den Provinzen erstaunend erhöhet
hat. Die Einkünfte aus der Wallachey
und Moldau sind unzählig, wenn man
auf die Größe der Provinzen siehet. Die
Fürsten schinden auch ihre Unterthanen fast,
um diesen Tribut zu bezahlen. Der Fürst der
Wallachey bezahlet jährlich vier tausend,
der von der Moldau zwey tausend fünf
hundert Beutel; jeder Beutel macht fünf
hundert Piasters aus. Man sehe die Anmerkungen über die Religion, Regierungsform, und die Sitten der Türken
nach, ein kleines philosophisches und poli-
tisches Werk, das man dem Herrn Porter, ehemaligen engländischen Gesandten
bey der Pforte, zuschreibt. Bey den jetzi-
gen Märschen der Truppen zur Armee,
werden diese armen Provinzen sehr mitge-
nommen. Der Fürst von der Moldau
hatte viele Paschas gewonnen, daß sie seine

Provinz

Provinz verschonen möchten, allein sie
verdreheten ihre Worte sehr listig. Sie
selbst nahmen einen andern Weg, aber
ihre Truppen giengen durch die Moldau, und thaten allen möglichen Schaden. Der Kriegesstand der Pforte ist
von dem Graf von Marsigli sehr gut beschrieben. Man findet bey ihm alles zer-
gliedert, und alle Namen, welche die Türken
ihren Truppen geben. Man kennet den Ursprung der Jengitscheri, ihre Macht und
Einfluß auf die Regierung. Eben diese
Jengitscheri, die der Großherr an allen
öffentlichen Ausgängen grüßet, die ihn
oft zittern machen, haben nur täglich zwey
Aspers und die Speise. Sie sind auf vierzig tausend Mann stark: Die Spahis, die
auserlesenste Mannschaft aus der Cavallerie, sind an achtzehen tausend. Die See-
macht des Großherrn bestehet in dreyßig
Schiffen vom ersten Range, ohne die
Galeren und Galiotten zu rechnen. Die
türkische Artillerie ist sehr zahlreich; aber
langsam und in schlechtem Stande. Die
Stückgießerey ist sehr groß und man arbeitet in derselben mit einer erstaunenden
Geschwindigkeit. In vierzehn Tagen, die

S   ich

ich in Conſtantinopel zubrachte, goß man
darinnen fünf hundert Kanonen. Mit eben
der Geſchwindigkeit arbeitet man auf den
Bauhöfen. In einem Monate bauete man
auf denſelben hundert Galiotten, und
brachte ſie mit einer Leichtigkeit in die See,
die alle fremde Seeleute in Verwunderung
ſetzte.

Der Vezier iſt die zweyte Perſon des
Reichs. Er hat in allen Departements
den Vorſitz. Er commandirt die Armee.
Er hat die Beſorgung der innern Policey
und Juſtiz, der Politik und der ausländi-
ſchen Affairen. Seine gewiſſen Einkünfte
betragen 600000 Piaſters, aber die un-
gewiſſen kann man nicht beſtimmen. Sie
hängen davon ab, ob er die Bedienungen
theuer verkauft oder nicht.

Ich übergehe die Cärimonien, die bey
den Audienzen der fremden Geſandten bey
der Pforte gebräuchlich ſind und den feyerli-
chen Zug des Sultans am Tage des Beyram
oder dem Oſterfeſte der Türken, nach der Mosquee. Alle dieſe lächerlichen Aufzüge und
Masqueraden ſind hier, wie in allen Ländern, nur erfunden, um den Pöbel zu
blenden,

blenden, und das Wesentliche der Dinge zu
verbergen. Der Aufzug des Sultans
am Tage des Beyram hat doch etwas edles
und majestätisches an sich, das man unter
den Christen nicht siehet. Die orientalische
Kleidung, das ehrerbietige Ansehen so vieler Greise mit grauem Barte, der ganze
ottomannische Hof versammlet, die Majestät und zugleich das leutselige Wesen des
Souverains, seine Freygebigkeit, mit der
er Geld unter die Leute werfen läßt, —
alles dies flößet Erfurcht und Liebe gegen
ihn ein. Er erscheint niemals um zu strafen, immer um sich sein Volk verbind-
lich zu machen. Ich bin bey der Audienz
des Herrn von St. Priest, französischen
Gesandten bey der Pforte, zugegen gewesen.
Das Cäremoniel ist dabey bekannt und
immer einerley. Die Gewohnheit, daß
der Gesandte und sein ganz Gefolge vor
dem Großherrn unbewafnet und jeder von
zween Capigi Pachis bewacht erscheinen
müssen, rührt daher, weil im Jahr 1330
ein Despote von Sclavonien, unter dem
Vorwande, dem Sultan eine Bittschrift zu
überreichen, ihn umzubringen suchte. Die
Grundlage der Politik und des Völker-

S 2   rechts

rechts der Türken ist das Herkommen. Ihr
Friede ist Waffenstillstand und ihre Freundschaft gründet sich auf die alten Verglei-
che. Die Geschenke, welche die christlichen Mächte dem Sultan machen, werden
als ein Tribut und die Gesandten etwas
geringer angesehen, als die Abgeordneten
einer Kayserlichen freyen Reichsstadt am
Wiener Hofe. Die Ordnung, in der man
die Schriften in der Kanzeley und den Ar-
chiv der Pforte und der Provinzen aufbewahrt, ist bewundernswürdig. Bey Gelegenheit des Durchgangs des Internuncius
in Belgrad fand man daselbst sogleich das
Cärimoniel, das bey dieser Gelegenheit seit
dem Jahre 1500 war gebräuchlich gewesen, das der Pascha befolgte. Und doch
war diese Bedienung seit der Zeit eingegan-
gen. Der itzige Sultan Mustapha hatte seine Regierung mit vielem Geitz und
Schwärmerey angefangen. Itzt öfnet er
seine Schätze, die er unzählbar gemacht
und sagt: er zeige nun, warum er so sorg-
fältig gewirthschaftet, nämlich um im
Stande zu seyn, den Krieg anzufangen
und ihn fortzusetzen. Bey seiner Ge-
langung zum Thron hatte er den gnädigen
Vorsatz,

Vorſatz, alle ſeine Unterthanen, die keine
Muſelmänner waren, auszurotten. Man
hat Urſach, hier die toleranten Geſinnun-
gen der türkiſchen Geiſtlichen zu bewundern. Zween Muftis wurden abgeſetzt,
weil ſie in ſein Vorhaben nicht willigen
wollten. Der dritte erhielt ſich und errettete die Rajas. Er ſtellte dem Sultan
vor, daß der Koran dies nicht nur verbö-
the, ſondern die Ungläubigen wären auch
zu zahlreich, als daß ſie ſich einem ſo grau-
ſamen Urtheilsſpruch nicht widerſetzen ſollten. Machten es die Prieſter und die
Cleriſey eben ſo bey dem Blutbade am
heiligen Bartholomäus Tage?

Die Geſchichte, dieſe aufrichtige Richte-
rinn der menſchlichen Handlungen, ſtellet
uns, wann ſie von Schmeicheley und Fabeln
geſäubert iſt, die glänzendſten Züge unter den
Türken vor Augen. Was für ein Unterſchied
iſt zwiſchen der Rede des Corcud bey ſeines
Vaters, des Sultan Bajazet, Zurückunft
von Mecca und dem Betragen eines chriſtlichen Souverains gegen ſeinen Vater, der
das Reich wieder von ihm zurückforderte!
Corcud war völlig zur Regierung gelangt,

S 3   und

und seine Hofleute widerriethen ihm, sie
wieder abzutreten.   Ohngeachtet deſſen,
geht der Sohn ſeinem Vater entgegen,
ſetzt ihn auf den Thron und ſagt zu dem
Volke: „Was ihr in mir geſehen habt,
„war nur ſein Schatten.   Das Licht er-
„ſcheint in dieſem Augenblick, und der
„Schatten wird unſichtbar.   Ihm allein
„gebühret Gehorſam und Ehrfurcht!„
Die Türken haben einen fürtreflichen
Grundſatz in Anſehung der Sicherheit des
Throns und der öffentlichen Ruhe.   Sie
glauben, ſich die Gabe der Weiſſagung
oder den Thron zu wünſchen, ſey eben ſo
viel, als Gott und den Glauben verleugnen,
da das erſte dem Mohammed allein, das
zweyte dem ottomanniſchen Geſchlechte,
das wirklich regieret, ſey gegeben worden.
Doch ſind zuweilen einige Begeiſterte erſchienen, allein dieſe ſchließet man ein, bis
ihre Weiſſagungen erfüllet ſind.   Seit dem
dieſer Gebrauch eingeführet iſt, höret man
nicht mehr davon reden.

Alles iſt bey den Türken ſo feil, daß der
Koran einem ſogar erlaubt, alle ſeine guten
Werke einem andern abzutreten oder zu ver-
kaufen; ſo daß er ſeine Verdienſte und ſeine

Beloh-

Belohnungen, die er in der zukünftigen
Welt erwartet, dem Käufer überläßt. Man
sehe Cantimir Selim I. Anmerk. 9. nach).

Ziemlich sonderbar ist es, daß die Türken
die einzige Nation sind, welche das niedri-
ge Vergnügen der Jagd, die so zu sagen
unter uns die vornehmste Beschäftigung so
vieler Großen ist, verachtet. Diese Leidenschaft war die Ursach der Absetzung Mohammeds IV. und seines Sohnes Mustapha II. Bey einer kriegerischen Nation
ist diese Abneigung um so vielmehr bewundernswürdig!

Cantimir liefert einen umständlichen
Bericht von Circaßien. In diese Provinz
schickt man die Söhne des crimmischen
Chans, damit sie daselbst erzogen werden.
Die Sclaven aus diesem Lande werden von
den Türken am meisten geschätzt. Ein cir-
caßischer Sclave von einerley Stärke, Größe
und Schönheit wird für tausend Thaler
verkauft, da ein polnischer nur sechshundert, eine Abaza fünf hundert, ein
moscowitischer vier hundert, ein georgi-
scher dreyhundert, ein mingrelischer zwey
hundert und funfzig, ein französischer noch
weniger kostet. In Egypten gelten die
Circaßischen und die Albazas doppelt so
viel, weil sie den Beys, ihren Herren, mit
Ausschließung der rechtmäßigen Kinder derselben, in den Aemtern nachfolgen, und
ihre Sclaven ihnen wiederum folgen.
Wenn dies Gesetz gleich dem Koran zuwi-

der

der ist, so ist es doch durch den Aberglau-
ben der Türken autorisirt. Sie glauben,
Joseph, der ein Sclave in Egypten war,
habe Gott gebeten, daß diese Nation auf
immer Sclaven unterthänig seyn möchte.
Es ist aber viel wahrscheinlicher, daß die
Politik diese Einrichtung erfunden habe, um
eine so entlegene Provinz den Großen des
Reichs nicht erblich zu machen.

Es wird viel Kupfer in der Türkey verbraucht. Alle ihre Geräthschaften, ihr Kü-
chengeräthe, ihre Gefäße und Schüsseln, ihre
Tische sogar sind von diesem Metalle. Ihre
reichsten Gruben sind die zu Gumiscava,
drey Tagereisen von Trebisonde. An der
Seite von Angora sind noch mehr; noch
andere in Armenien bey Erzero. Alles dieses
Metall kommt auf dem schwarzen Meere
nach Constantinopel. Einige türkische
Schriftsteller, unter andern Cantimir, behaupten, daß die Linie des Tatarchans,
wenn das ottomannische Geschlecht ausster-
ben sollte, demselben succediren würde.
Herr von Vergennes, der seit vierzehen
Jahren Ambassadeur bey der Pforte ist, hat
mich vom Gegentheil versichert. Herr von
Brognard, Internuncius Sr Majestät des
Kaysers bey der Pforte, behauptet indessen,
daß der regierende Sultan selbst in einer Un-
terredung, bey Gelegenheit der Zurückrufung
des verbanneten Crimmischen Chans, von
dieser Succeßion als von einer bekannten
Sache gesprochen habe.

Fort-

Fortſetzung des Verzeichniſſes von
Büchern, ſo die Caſpar Fritſchiſche
Handlung in Leipzig auf eigene Ko-
ſten hat drucken laſſen, und allda um
beygeſetzte Preiſe in Menge
zu finden ſind.

Abhandlungen arztneykundige, herausgege-
ben von dem Collegio der Aerzte in London, aus dem Engliſchen überſetzt von Dr.
Krauſen, erſter und zweyter Band gr. 8.
1768—73. à 1 Thl. 16 Gr.

Alexanders, William, mediciniſche Verſuche und
Erfahrungen, aus dem Engliſchen, gr. 8.
1773. à 20 Gr.

Backers, D. George, Unterſuchung, was vor
der jetzt in England üblichen Methode,
die Kinderblattern einzupfropfen, zu halten
ſey, aus dem Engliſchen, 8. 1767. à 3 Gr.

Baretti, Joſeph, Reiſen von London nach Ge-
nua durch England, Portugal, Spanien
und Frankreich, aus dem Engliſchen, zwey
Bände, 8. 1772. à 1 Thl. 8 Gr.

Bemerkungen auf einer Reiſe nach der Levante, aus dem Franzöſiſchen überſetzt, und
mit Anmerkungen begleitet von C. W.
Dohm. 8. 1774. à 10 Gr.

von Bennigsen, Rudolph Christian, ökonomisch-juristische Abhandlung vom Anschlag der Güther, vermehrte Auflage, 8. 1771. à 12 Gr.

—— vom Pacht und Verpacht der Güther, vermehrte Auflage, 8. 1771. à 12 Gr.

Beytrag zur Geschichte der allgemeinen Viehseuche in der Mark Brandenburg, 8. 1767. à 3 Gr.

Bos, Lamberti, antiquitatum graecarum praecipue atticarum, descriptio breuis cum notis et emendationibus Io. Fr. Leisneri, editio noua et auctior, 8. Lipsiae 1767. à 10 Gr.

Boswells, Jakob, Beschreibung von Corsica, nebst vielen wichtigen Nachrichten und Anecdoten von Pascal Paoli, aus dem Englischen, gr. 8. 1769. à 23 Gr.

Bougainville Reise um die Welt, welche mit der Fregatte la Boudeuse in den Jahren 1766, 1767, 1768. und 1769. gemacht worden, aus dem Französischen, gr. 8. 1772. à 1 Thl.

Callimachi Hymni et epigrammata ex recensione Io. Aug. Ernesti, curauit Christ. Frid. Loesnerus. 8. 1774. à 6 Gr.

Commedie di P. Terenzio, tradotte in versi sciolti da Nicolo Fortiguerri col commentario tedesco, 8. 1772. à 14 Gr.

Dimsdales, D. Thomas, Unterricht von der gegenwärtigen Methode die Kinderblattern einzupfropfen, nebst einigen Versuchen, die natürlichen Blattern auf eine ähnliche Art zu behandeln, aus dem Englischen, 8. 1768. à 6 Gr.

Ernesti,

Ernefti, Ioh. Aug. Initia doctrinae folidioris, editio quinta infigniter aucta, c. fig. 8. 1770. à 1 Thl.

— Initia rhetorica, editio auctior et emendatior, 8. 1772. à 6 Gr.

— archaeologia litteraria, maj. 8. 1768. à 8 Gr.

— Opuscula theologica, maj. 8. 1773. à 1 Thl. 8 Gr.

Der Feldzug, eine Geschichte, aus dem Englischen, zwey Theile, 8. 1768. à 18 Gr.

Froriep, J. F. Predigten, gr. 8. 1770. à 1 Thl.

Gellerts, C. F. fämmtliche Schriften, fieben Theile, 8. 1760. à 3 Thl. 12 Gr.

— fämmtlicher Schriften Anhang, 8. 1770. à 8 Gr.

— vermifchte Gedichte, gr. 8. 1770. à 12 Gr.

Gellerts, C. E. Anfangsgründe zur Probierkunft, neue mit Zufätzen von dem Verfaffer vermehrte Auflage, mit Kupfern, 8. 1772. à 16 Gr.

Geschichte luftige und finnreiche des Ritters Don Quixotte von Mancha, neue mit Kupfern gezierte Auflage, vier Theile, 8. 1767. à 2 Thl. 16 Gr.

Gesneri, Ioh. Matth. primae lineae Ifagoges in eruditionem vniuerfalem nominatim philologiam, hiftoriam et philofophiam, in vfum praelectionum ductae, accedunt nunc praelectiones ipfae per Io. Nicol. Niclas Tom. I. gr. 8. 1774. à 1 Thl. 4 Gr.

Herodiani hiftoriarum libri VIII. cum verfione Bergleri et notis Leisneri fuisque animaduerfionibus edidit M. Irmifch, maj. 8, fub praelo.

Hom-

Hommelii, Car. Ferd. Corpus juris ciuilis cum notis variorum, maj. 8. 1768. à 1 Thl. 16 Gr.

— Sceleton juris ciuilis, editio quarta et aucta, fol. 1767. à 6 Gr.

— Erklärung des goldenen Horns aus der Nordischen Theologie, mit Kupfern, 8. 1769, à 4 Gr.

— kleine Plappereyen, zwey Theile, 8. 1773. à 1 Thl. 8 Gr.

Horatii Flacci Opera ex recensione W. Baxteri et animaduersionibus Ioh. Matth. Gesneri, editio noua, correctior, maj. 8. 1772. a 1 Thl. 8 Gr.

Des Pater Ibagnez Jesuitisches Reich in Paragay, durch Originaldocumente der Gesellschaft Jesu bewiesen, aus dem Italienischen, 8. 1774. à 8 Gr.

Krebsii, Ioh. Tob. Decreta Romanorum pro Iudaeis facta e Iosepho collecta et Commentario histor. gram. critico illustrata, maj. 8. 1768. à 1 Thl.

Lamberts, J. H. neues Organon, oder Gedanken über die Erforschung und Bezeichnung des Wahren und dessen Unterscheidung vom Irrthum und Schein, zwey Bände, gr. 8. 1764. à 2 Thl.

Lipenii, Mart. Bibliothecae realis juridicae Supplementum curante D. Aug. Frid. Schottio, fol. sub praelo.

Lysons, Daniel, practische Abhandlungen von den Wechselfiebern, der Wassersucht, den Krankheiten der Leber, der fallenden Sucht, Colick, Ruhr und den Wirkungen des versüßten

süßten Queckſilbers aus dem engliſchen gr. 8. 1774. 8 Gr.

Macbride, David, ſyſtematiſche Einleitung in die theoretiſche und practiſche Arzneykunſt, aus dem Engliſchen, zwey Theile, gr. 8. 1773. 2 Thl. 8 Gr.

Meuſels, Joh. Georg, Anleitung zur Kenntniß der Europäiſchen Staatengeſchichte nach Gebaueriſcher Lehrart, gr. 8. 1774.

Millars, Johann, Bemerkungen über die Engbrüſtigkeit und das Hünerweh, nebſt einem Anhange von der ſtinkenden Aſa, aus dem Engliſchen, gr. 8. 1769. à 10 Gr.

Nachrichten, neue ökonomiſche, 1—60ſtes Stück, nebſt Regiſter über alle zwanzig Bände der alten und neuen ökonomiſchen Nachrichten, 8. 1763—1773. à 5 Thl.

Platners, Joh. Zach. gründliche Einleitung in die Chirurgie, mit Kupfern, neue Auflage, gr. 8. 1770. à 1 Thl. 16 Gr.

Platners, D. Ernſt, Briefe eines Arztes an ſeinen Freund über den menſchlichen Körper, zwey Theile, 8. 1770. und 1771. à 1 Thl. 4 Gr.

Pezold, D. Joh. Nathan, kurze Abhandlung von faulen Fiebern. 8. 1773. 3 Gr.

Plinii, Caii Caecilii Sec. Epiſtolae et Panegyricus, cum annotationibus perpetuis Ioh. Matth. Gesneri, editio noua auctior. maj. 8. 1770. à 1 Thl. 8 Gr.

Re-

Reflexions fur la Peinture par. Mr. de Hagedorn, traduits de l' allemand par Mr. Huber, II. Voll. maj. 8. fous preſſe.

Saintfoir, Herrn von, theatraliſche Werke, aus dem Franzöſiſchen, vier Theile, gr. 8. 1750—1768. à 1 Thl.

Salluſtius, Caj. Criſp. Geſchichte vom Katilinariſchen und Jugurthiniſchen Kriege, aus dem Lateiniſchen überſetzt von Gottfried Conrad Böttger. gr. 8. 1771. à 10 Gr.

Schützens, Sebaſtian, Ordnung des Heils, nach den fünf Hauptſtücken des Catechiſmi Lutheri, in zwey und dreyßig Examinibus aufs neue durchgehends vermehrt von M. Friſch, 8. 1773. à 16 Gr.

Scriptores Rei ruſticae veteres latini cum notis Io. Matth. Gesneri, editio noua et aucta curante Io. Aug. Erneſto, cum fig. 1773—74. II Tomi med. 4. à 7 Thl.

Seters, Thomas, Unterricht in den vornehmſten Stücken der chriſtlichen Lehre, aus dem Engliſchen, zwey Bände, 8. 1773. à 20 Gr.

Senac, Peter, von den Wechſelfiebern, aus dem Lateiniſchen, gr. 8. 1772. à 20 Gr.

Silberſchlags, Joh. Eſaias, ausführlichere Abhandlung der Hydrotechnik oder des Waſſerbaues, zwey Bände mit vielen Kupfern, gr. 8 1772—73. à 2 Thl. 16 Gr.

Sterne,

Sterne, Laurenz, (oder Yorik) neue Sammlung von Predigten, aus dem Englischen, gr. 8. 1770. à 12 Gr.

Stosch, Ferdinandi, Compendium archaeologiae oeconomicae noui Testamenti ducentis thesibus comprehensum et notis illustratum 8. 1769. à 8 Gr.

Virgilii, Publ. Maronis, Opera varitate lectionis et perpetua adnotatione illustrata a Chr. Gottl. Heyne, II. Tomi, maj. 8. 1767—1771. à 2 Thl. 16 Gr.

— eiusdem libri Tom. III. sub praelo.

Volkmann, D J. J. historisch-kritische Nachrichten von Italien, drey Bände, gr. 8. 1770. und 1771. à 4 Thl. 20 Gr.

Whytts, Robert, sämmtliche zur practischen Arzeneykunst gehörige Schriften, aus dem Englischen, gr. 8. 1771. à 1 Thl. 12 Gr.

— dessen sämtlicher Schriften zweyter Theil, gr. 8. unter der Presse.

Xenephontis Memorabilium Socratis dictorum libri quatuor cum emendationibus et indice locupletissimo Ioh. Aug. Ernesti, editio quinta longe auctior et emendatior, maj. 8. 1772. à 16 Gr.

Youngs, Arthur, Reisen durch den nördlichen Theil von England, in Absicht auf die Oekonomie, Manufakturen und die Sammlung der Werke der Kunst, zwey Bände mit Kupfern, gr. 8. 1772. 2 Thl. 16 Gr.

Ferner

Ferner sind in Commission zu haben:

Dietrichs, Carl Friederich, Pflanzenreich nach
dem neuesten Natur=System des Herrn
von Linne, zwey Theile, 8. Erfurt 1770.
à 2 Thl.

—— Anfangsgründe zu der Pflanzenkenntniß, mit
Kupfern, 8. Ebend. à 1 Thl.

—— Systema elementare iurisprudentiae ciuilis priuatae communis imperii romano
germanici, 8. ibid. 1772. à 1 Thl. 12 Gr.